みんなの晩ごはん日記
～献立 春夏秋冬

■お問い合わせ

本書に関するご質問、正誤表については、下記のWebサイトをご参照ください。

正誤表
http://www.shoeisha.co.jp/book/errata/
出版物Q&A
http://www.shoeisha.co.jp/book/qa/

インターネットをご利用でない場合は、FAXまたは郵便にて、下記までお問い合わせください。

〒160-0006 東京都新宿区舟町5
FAX番号 03-5362-3818
宛先
　（株）翔泳社 愛読者サービスセンター
電話でのご質問はお受けしておりません。

※本書に記載されたURL等は予告なく変更される場合があります。
※本書の出版にあたっては正確な記述につとめましたが、著者や出版社などのいずれも、本書の内容に対してなんらかの保証をするものではなく、内容に基づくいかなる運用結果に関してもいっさいの責任を負いません。
※本書に掲載されている画面イメージなどは、特定の設定に基づいた環境にて再現される一例です。
※本書に記載されている会社名、製品名はそれぞれ各社の商標および登録商標です。

はじめに

　本書は、日々のご飯を大事にしているブロガーさん11人の晩ご飯写真と、その日の日記をまとめたものです。春夏秋冬、約1年間の献立を駆け足で紹介しています。

　たけのこご飯や栗ご飯、おでんや鍋ものといった季節を感じるもの。定番・肉じゃがや、カレー。時間がない日のパスタ。居酒屋みたいにお酒がすすみそうな献立。レストランみたいに華やかな食卓。カフェを意識したワンプレート献立。いろんなご家庭の晩ご飯写真をたっぷり収録させていただきました。

　そのひと皿ひと皿から、作った人の個性と暮らしがかいま見え、料理上手なお隣さんのお夕飯に招待された気分で楽しめます。

　コラムとして、6,000軒の晩ご飯に突撃したヨネスケさんのインタビューや、ブロガーさんの「ご飯」「みそ汁」「カレー」「買い物」などについてのこだわりあれこれトークも収録しました。

　今日の夕飯どうしよう……というときに。パラパラめくれば、きっとヒントが見つかる1冊です。

Contents
みんなの晩ごはん日記
目次

01 のりえさん *norie*
「おいしい!」という言葉が聞けるよう、頑張っています。
006

02 のいっしゅさん *noissyu*
スーパーの食料品売り場はずーっとぶらぶらできます。
026

03 sobubuさん *sobubu*
おいしいつまみで楽しく家飲み。息子には野菜を!
042

04 ぷりんさん *pudding*
花や器が大好き。簡単でおいしいものも大好きです。
058

05 おがわひろこさん *ogawa hiroko*
普通の食材で簡単＆時短。だけど見栄えよく♪
070

column interview
ヨネスケさんインタビュー
「晩ご飯は愛情ですよ」
040

06 りんでんさん
linden

ひとり暮らしなので一汁二菜で合格にしています。

078

07 kermitさん
kermit

栄養バランスを考え、お野菜多めのメニュー！

090

08 あやこさん
ayako

大好きな北欧食器から献立を決める日もあります。

102

09 あすかさん
asuka

いつかカフェを開く夢を持ちつつ福岡生活を満喫中。

112

10 ちえさん
chie

平日は低カロリー和食。休日は好きなものを！

124

11 Mischa（ミーシャ）さん
Mischa

料理雑誌のレシピ集めが趣味のひとつです。

134

column
みんなの
こだわり
トーク

ご飯について……068
みそ汁について……069
カレーについて……100
よく作る料理……122
買い物について……123

Contents
005

01 のりえさん
norie

夕食作り開始時間	夕食を食べ始める時間
6時（下準備は別途）	7時
食費について	
1カ月12万円前後です。1食当たりの予算は設定していません。	

➡ 「のりえレシピ」 http://www.norie-recipe.com/

「おいしい！」という言葉が聞けるよう、がんばっています。

東京都世田谷区在住、37歳の専業主婦です。2つ年上の夫、ゴールデンレトリバーと一緒に生活をしています。趣味は旅行で、海外は18カ国、国内も沖縄以外の46都道府県をマイカーで回りました。お料理をきちんと作るようになったのは、結婚して仕事を辞めてからです。毎日の食卓で、主人から「うまい！」という言葉が聞けるようにがんばっています。

▶ 夕食献立のこだわり
旬の食材を取り入れた季節感のある献立になるよう心がけています。また、できるだけ和・洋・中が混ざらないようにしています。

▶ 夕食の献立を決める方法
スーパーに行って、メインの食材を決めてから副菜を決めていくことが多いです。

▶ 2013/06/03　えびチリとチンジャオロース 夏

チンジャオロースは主人の好物です。えびチリ（えびのチリソース煮）　えびはニューカレドニア産の「天使のえび」を使いました。揚げ春雨を添えると、チリソースを残さずキレイにいただけます。作り方は緑豆春雨をハサミで適当な大きさに切り、高温の油に入れるだけ。油に入れると一気に膨らむので、少量ずつ投入してください。

▶ 2013/06/11

真鯛のグリルと鮎の焼きリゾット

1	2
3	4

昨晩は濱崎シェフ（リストランテ濱崎）に習った料理を2品作りました。5年ほど前に教えていただいて以来、この時期の定番メニューです。❶真鯛のグリル サルサベルデソース 鯛は、少し多めのガーリックオイルで皮目をしっかり焼くことがポイントです。ソースは、スイートバジル、イタリアンパセリ、エストラゴン、松の実、レモン、ケッパー、バルサミコ酢、はちみつ、エクストラバージンオイルをミキサーにかけて作りました。❷鮎の焼きリゾット だし汁と昆布で炊いたご飯に、グリルで焼いてほぐした鮎の身、すりおろしたパルミジャーノレッジャーノと、みじん切りにしたイタリアンパセリを加え、丸いセルクルにふんわり詰めて、こんがり焼き上げました。まずはそのままいただいて、残り半分くらいになったら……。❸スープをかけてリゾット風に。❹シーザーサラダ ベーコンを炒める際に、一口サイズに切ったバケットを一緒に炒めると、ベーコンの油を全部吸ってくれるので、おいしいクルトンに仕上がります。ドレッシングは、しゃぶしゃぶ用ごまだれと生クリームを1:1で合わせて作っています。

01:norie

▶ 2013/07/22

ステーキ丼

1	2
3	4

週末の夕食です。主人のリクエストで、ステーキ丼にしました。❶ステーキ丼　お肉はテンダーロイン（ヒレ肉）です。軽く塩こしょうをしたヒレ肉をフライパンで焼き、今半のステーキソースを加えます。お肉とソースがなじんできたら、お肉は取り出し、付け合わせ用の野菜（ねぎ、小松菜）をソースとからめながら焼きます。熱々のご飯の上に、お肉と野菜をのせ、煮詰まったソースをかけて出来上がり〜。❷きゅうりとごまの和え物　京味（西健一郎）のレシピです。❸はんぺん　わさび醤油でいただきました。❹とろける口どけ（むつみ）　しょうがのすりおろしをのせ、にんべんのつゆを少しかけていただきました。

01:norie

▶ 2013/07/29

仔牛のサルティン・ボッカ

1	2
3	4

週末の夕食です。冷凍保存してあった仔牛を使って、イタリア・ローマの家庭料理、サルティンボッカを作りました。❶仔牛のサルティンボッカ　たたいた仔牛ヒレ肉にセージをのせ、生ハムで巻き、小麦粉をふってオリーブオイルで焼き上げました。ソースは白ワイン、グラスドヴィアンド（オーネのもの。フォンドヴォーを凝縮した旨味ベース）、砂糖、バターを煮詰めたものです。サルティンボッカとは、イタリア語で「口に飛び込む」という意味だそうです。その名前の通り、さっと作って食べられるお手軽料理です。❷ガーリックライス　みじん切りにしたにんにくを弱火でじっくり炒め、香りを引き出します。そこにご飯を入れ、塩、こしょう、コンソメで味を調えます。最後に香り付けとしてお醤油を少しだけ鍋肌にたらして出来上がり。今回は、カリカリに揚げたオニオンフライをトッピングしました。❸ポテトサラダ　❹サラダ（レタス、ミニトマト、紫玉ねぎ、パプリカ）。リケンの「くせになるうま塩ドレッシング」が最近のお気に入りです。

▶2013/08/01

肉じゃがとイカと三つ葉のごま酢和え

昨晩の夕食です。❶肉じゃが　前日に作って味を染み込ませています。❷イカと三つ葉のごま酢和え　主人の箸が進みました！ 以前は、ゆでてから加えていた三つ葉ですが、最近は生のまま使っています。そのほうが食感が楽しめておいしく仕上がる気がします。❸金目鯛のお刺身　❹アサリのおみそ汁　酒蒸しにしてもいいくらい、立派なアサリでした。❺自家製ぬか漬け（きゅうり、にんじん）　自家製といっても、ぬか床は市販品（笑）。「発酵ぬかどこ（みたけ食品）」。ぬか床が密封パックに入っていて、そのパックの中にお野菜を入れるだけです。冷蔵庫保存で、きゅうりなら12時間、にんじんだと18時間くらいがちょうどいい感じ。匂いもまったく漏れません。このぬか床には特殊な乳酸菌が入っていて、毎日かき混ぜる必要がないので便利です。

1	2
3	4
5	

夏

01:norie

▶ 2013/08/04

チキンのグリル・にんじんのスフレ添え

1 / 2 / 3

夏

週末はイタリアンにしました。❶チキンのグリル（はちみつとバルサミコ風味）・にんじんのスフレ添え　久しぶりに作りました。「リストランテ濱崎」のスペシャリテ「ウズラのグリル」をまねして作ったのが始まりです。ウズラはなかなか手に入らないので、いつもチキンで代用しています。❷フルーツトマトのスパゲッティ　アメーラトマトを使いました。バターで炒めたにんにくと新玉ねぎを蒸し焼きにし、そこにトマトを加え、さらに蒸し焼きにします。あとはゆでたパスタを加え、塩、こしょう、オリーブオイルで味付けをして出来上がり。❸サラダ（ロメインレタス、にんじん、玉ねぎ、生ハム）

明日はお友達ブロガーさんがうちに遊びに来てくれます。今日は部屋の大掃除と、お料理の下準備を済ませました。皆さんのお口に合うといいのですが。

recipe: レシピ
P.025

01:norie

▶ 2013/08/06

豚しゃぶサラダ

こちらは1週間ほど前の夕食です。❶豚しゃぶサラダ　ピーラーで薄切りにしたきゅうりと紫玉ねぎに豚しゃぶをのせました。自家製ピリ辛ソースで。豚しゃぶ肉は、熱湯に差し水をし、80度くらいの湯で火を通すこと、そして、ゆでたあと、決して冷水で冷やさないこと。この2点に気を付けると、お肉が硬くならず、おいしくいただけます。❷シマアジのお刺身　❸お惣菜3種盛（イカと三つ葉のごま酢和え、ザーサイとおかひじきの和え物、ひじきの煮物）　❹かぼちゃのピリ辛きんぴら
昨日は、お友達のブロガーさん達ととても楽しい時間を過ごすことができました。このブログで何度もご紹介しているイタリアンでのおもてなしでした。

1	2
3	4

夏

▶ 2013/09/03

松茸の土瓶蒸しと松茸ご飯とさんまの塩焼き

1	2
3	4
5	

秋

昨晩は秋の味覚満載の食卓にしました。❶松茸の土瓶蒸し　土瓶蒸しが大好きな主人にはいつも2瓶用意しています。とにかくだしが決め手なので、上質なかつお節と昆布を使って丁寧に一番だしを取るようにしています。❷松茸と小松菜のおひたし　京味（西健一郎さん）のレシピです。松茸に塩を軽くふって網焼きにして手で裂き、さっとゆでた小松菜と和えています。たれは、一番だし、醤油、砂糖、ゆず1個分の絞り汁です（砂糖は本来は入りませんが、ちょっとだけ加えています）。❸さつまいも（なると金時）の甘煮　❹さんまの塩焼き　❺松茸ご飯　いつもはおかわりしないのですが、この日は主人も私も2膳食べてしまいました。

▶ 2013/09/10

イクラの醤油漬け

9月に入って筋子が出回り始めましたね。イクラの醤油漬けを作って、イクラ丼にしました。❶イクラ丼　ご飯は酢飯です。筋子をほぐすのは一苦労ですが、自家製イクラは格別です。醤油漬けといっても、漬け汁に醤油は使わずに、にんべんのつゆを使っています。筋子は11月中旬頃まで店頭に並びますが、時期が遅くなるほど皮の固いハズレ品が多くなります。今がまさに作りどきです！　❷秋鮭の幽庵焼き　2日間たれ（醤油、酒、みりん、ゆずの絞り汁）に漬け、味をしっかり染み込ませてから焼いています。冷めてもおいしいのでお弁当にもいいですよ。❸松茸と本しめじのすだち和え　❹きんぴらごぼう　❺松茸の土瓶蒸し　今シーズン2度目の土瓶蒸しです。

1	2
3	4
5	

▶ 2013/09/29

マコガレイのから揚げと芋煮

1	2
3	4
5	

秋

マコガレイ（真子鰈）をから揚げにしました。❶マコガレイのから揚げ　下処理をしたマコガレイに塩、こしょうをし、片栗粉をまぶして揚げました。低温の油で7〜8分、そのあと温度を上げて2〜3分揚げます。塩を付け、ちょっとレモンを搾っていただきました。から揚げにするならマコガレイがオススメです。❷れんこんのきんぴら　❸島オクラのおひたし　宅配をお願いしている「大地を守る会」から島オクラが届きました。さっと湯がいてだしに漬け、食べる直前にだし醤油とかつお節をかけていただきました。皮が柔らかく、甘みもあっておいしかったです。❹芋煮　芋煮は山形の郷土料理です。東北旅行中に食べて以来、秋の定番メニューになりました。里芋やこんにゃくにも甘辛いだし汁が染み込んでいます。ボリュームも栄養も満点の一杯です。❺今年も栗の和菓子を楽しんでいます。栗羊羹（叶匠寿庵）1棹945円　毎年購入している栗羊羹です。甘すぎず、栗の風味が口に広がります。

01:norie

▶ 2013/10/02

栗ご飯と松茸の土瓶蒸し&カナダ旅行に行ってきます

1	2
3	4
5	6

月曜日の夕食です。❶栗ご飯　皮から実がポロッとはがれる和栗の品種「ぽろたん」を使いました。もち米入りなのでモッチリ、栗はホクホクです。❷松茸の土瓶蒸し「旅行前にもう1度」と主人からリクエストが入っていました。今シーズン3度目です。❸松茸と小松菜のおひたし　京味（西健一郎さん）のレシピで、2人前で松茸を1本使う贅沢な一品です。❹戻りがつおのお刺身　かつおはアタリハズレの大きい魚です。今回はアタリでした。ハズレのときは時雨煮にしています。❺里芋のごまだれ和え　里芋をゆで、皮をむいたら熱いうちに丁寧につぶし、だし醤油、昆布茶、ごまだれドレッシングで和えました。❻ごぼうとにんじんの和風白みそサラダ

明日（10月3日）からカナダ旅行に行ってきます。カナディアン・ロッキー、イエローナイフ、ナイアガラの滝と、盛りだくさんの旅です。オーロラ、見えるといいな〜。

01:norie
016

▶ 2013/11/10

ツナとトマトのクリームパスタ

❶ツナトマトクリームのフジッリ　ツナ缶とトマト缶を使った簡単パスタです。トマトソースを作る際は、グラニュー糖を少量加えるとコクが深まります。最後にかけるパルミジャーノチーズの量で塩気を調整するといいですよ。❷柿の生ハム巻き　生ハムとメロンや柿は定番の組み合わせですね。❸ヘルシーアボカド豆腐サラダ　「mahoのテーブルから」のmahoさんのレシピです。❹11月1日（ワンワンワンで犬の日）はレオの誕生日でした。早いものでもう8歳です。大好物のクリームチーズ入りのスポンジ生地を、水切りヨーグルトでコーティングし、リンゴ、キウイフルーツ、柿をトッピングしました。犬用なのでお砂糖は入ってません。❺「トシ・ヨロイヅカ」のモンブラン（左）と洋梨のショートケーキ（右）。レオの誕生日に便乗しちゃいました♪

1	2
3	4
5	

秋

recipe: レシピ
P.025

▶ 2013/12/10

牛肉とマッシュルームのフジッリ

1	2
3	4
5	6

主人の誕生日祝い(39歳)ディナーです。❶牛肉とマッシュルームのフジッリ　具材は牛肉、マッシュルーム、ピクルスです。牛肉と相性のいいサワークリームをベースに味付けしているので色はほとんどついていませんが、まろやかな酸味とコクのあるパスタに仕上がっています。主人からも大好評でした。❷芝えびのラビオリ入りかぼちゃスープ　ラビオリの生地は餃子の皮を使いました。中の具材は、芝えび、イタリアンパセリ、塩昆布です。かぼちゃスープは、牛乳でゆでたかぼちゃをバーミックスにかけて生クリームと塩で味を調えたもの。えびの殻で作ったオイルも入っています。えびとかぼちゃは意外とよく合いますし、見た目も華やかなので、おもてなし料理にいいですね。❸生ハム、チーズ　❹サラダ　❺モンブラン(アテスウェイ)　❻フォルティシマ(アテスウェイ)

01:norie
018

▶ 2014/01/13

ロールキャベツ

寒い日が続いていますね。久しぶりに煮込み料理にしました。❶ロールキャベツ　前日に作って味を染み込ませたロールキャベツです。ロールキャベツのような煮込み料理はたくさん作ったほうがおいしいので、我が家で1番大きなストウブ鍋で作って主人の実家におすそ分けしています。❷帆立の炒めご飯　ロールキャベツとの相性がいいので、この2品はセットでよく作ります。にんにくのみじん切りと玉ねぎのみじん切りをバターで炒め、塩、こしょうで味付けをし、ご飯を加えさらに炒めます。帆立を加え、ナンプラーで味付けをして出来上がり。❸自家製ポテトサラダ　❹野菜の酢漬け
ラグビー大学選手権決勝（早稲田vs帝京）を観戦しに、国立競技場に行ってきました。私は興奮しすぎて、貧血になりかけました（苦笑）。

1	2
3	4

01:norie
019

▶ 2014/01/29

酢豚とバンバンジー

1	2
3	4

久しぶりに中華料理にしました。❶酢豚　赤坂四川飯店の陳建太郎シェフのレシピで、甘酢だれの味が気に入っています。隠し味にグレープフルーツの絞り汁を使うのがポイントです。❷バンバンジー　ピリッと辛い、ごまだれ。❸小松菜のオイスターソース炒め　小口切りにしたねぎをごま油で15分かけてじっくり炒め、甘みを引き出します。そこに豆板醤、にんにくを加え、香りが出たら小松菜を投入し、強火でさっと炒め、オイスターソースと砂糖で味付けをしたら来上がり。1株分の小松菜もペロリと食べられちゃいます。❹豚のピリ辛スープ　うまみたっぷりのスープです。今回は豚肉と中途半端に残っていた野菜類（エリンギ、にんじん、もやし、ねぎ、ニラ、大根）で作りました。

今年もついに花粉シーズンが始まってしまいました。例年よりも10日ほど早いそうです。私は花粉が飛ぶ前から鼻炎薬アレグラを服用していて、症状はまだ出ていませんが……。
ここ数年は鼻より目の痒みのほうが辛いので、花粉用メガネも必須アイテムになっています。

▶ 2014/02/21

さばのみそ煮と豆腐の利休煮

1	2
3	4
5	

昨晩の夕食です。❶さばのみそ煮　生さばを熱湯にくぐらせ、霜降りにすることで臭みが取れます。みそだれも自信作です。❷甘辛粉ふきいも　ゆでて汁気を飛ばしたキタアカリを砂糖醤油でからめ、最後にバターで風味を加えています。汁気をしっかり飛ばしてから調味料を加えるのがポイントです。❸たことわかめの和え物　❹豆腐の利休煮　練りごまをたっぷり入れていて、最後にごま油もたらしているので、ごまの風味がすごいです。※利休煮という名前ですが、千利休がごま好きなことから、ごまを用いた料理を「利休○○」と呼ぶようになったそうです。❺新宿高野あまおうのショートケーキ（630円）　今年もこの時期がやって来ました。フルーツ専門店だけあって、大粒のあまおうが立派。生クリームもとても上質で、大好きなショートケーキです。真央ちゃん、フリーでは最高の演技を見せてくれましたね。途中から鳥肌が立ち、最後はもらい泣きしていまいました。

▶ 2014/03/31

ドライトマトとポルチーニのファルファッレ

1	2
3	4

和食が続いていたので、久しぶりに洋食にしました。❶ドライトマトとポルチーニのファルファッレ　具材はドライトマト、ポルチーニ、水菜です。味付けはシンプルにガーリックオイルととうがらしで、ペペロンチーノ風に仕上げました。ガーリックオイルは、芯を取り除いて包丁の腹で潰したにんにくを、ピュアオリーブオイルで30分程かけてじっくり火を通し、ガーリックの旨みをオイルに移したもの。エクストラバージンオイルだと香りが強すぎるので、ピュアオリーブオイルを使うのがオススメです。❷ロースステーキ（ジンジャーソース）　冷蔵庫にあった野菜（里芋、小松菜、ねぎ）を付け合わせにしてしまったので、見た目がちょっと和風っぽい感じに。

❸かぼちゃのスープ　手抜き用にストックしているMCCのかぼちゃのスープです。コクとうまみがしっかりしていて、レトルトスープの中では一番好きです。❹デザートもいただいちゃいました。「幻のチーズケーキ」（エコール・クリオロ）　オーストラリア・パースに住んでいるお友達のkateさんからのいただきものです。お店は都内にあるようで、楽天ランキングで人気No1に選ばれた大人気のチーズケーキだそうです！　フワッフワで、今まで食べたことがないような食感。口当たりがとてもなめらかなので、いくらでも食べられてしまいますね。kateさん、ごちそうさまでした。もう1本のカフェ味も楽しみです。

01:norie
022

▶ 2014/04/02

たけのこご飯と若竹汁

1	2
3	4
5	6	7

今シーズン初のたけのこだったので、まずはたけのこ料理の代表といえる、たけのこご飯と若竹汁の2品を作りました。❶朝採りたけのこ　❷たけのこご飯　主人はめったにおかわりをしませんが、2膳食べてくれました♪　❸京味（西健一郎さん）のレシピで作っています。丁寧にとった一番だしで炊き上げています。❹若竹汁も京味（西健一郎さん）のレシピです。わかめは一番だしで30分煮て、下味を付けてから使っています。❺新じゃがと牛肉の煮物。❻笹かまぼこと山海漬け（加島屋）笹かまぼこに切り込みを入れて、加島屋の山海漬けと大葉を挟んだだけです。加島屋は「さけ茶漬け」が有名ですが、山海漬けもかなりオススメです。❼桜大根（塩香源）　塩香源（しおかげん）、おもしろい店名ですね〜。鎌倉に本店があり、二子玉川の東急フードショーにも入っている大好きな漬け物屋さんです。ピンクに着色されてない桜大根。

01:norie
023

▶ 2014/04/12

牛丼とだし巻き卵

主人から牛丼のリクエストが入りました。❶牛丼 ❷ポテトサラダ 具材はシンプルにじゃがいも、にんじん、玉ねぎで作ります。うちはきゅうりを入れないので彩りでブロッコリースプラウトを添えています。❸だし巻き卵 ❹豚汁 丼物のときは野菜不足になりがちなので、豚汁を合わせることが多いです。この日の具材は豚肉、大根、にんじん、里芋、ねぎです。
昨年はプリザーブドフラワーを習っていましたが、4月から生花のフラワーアレンジメントを習い始めました。彩りを考えながら、全体を丸く作り上げていくというのは難しいのですが、お花と向き合う時間は楽しいです。

1	2
3	4

recipe
レシピ

▶ チキンのグリル（はちみつとバルサミコ風味）

材料（2人分）
- 鶏もも肉　小1枚
- ◎にんにくスライス　1片
- ◎バルサミコ酢　大さじ2
- ◎醤油　大さじ1.5
- ◎はちみつ　大さじ1　（※）
- オリーブオイル

1. 鶏のもも肉は筋切りをし、一口大に切る。
2. ◎の調味料で1を2時間ほど漬けておく。
3. フライパンにオリーブオイルを熱し、2をたれごと入れてソテーする。
4. 最後に風味付けでバルサミコ酢小さじ1（分量外）を入れて、出来上がり。

※バルサミコ酢は熟成期間の長短によって甘さがまったく異なります。熟成期間の短いバルサミコの場合は、はちみつの量を増やすようにして調整してください。私が使っているバルサミコ酢は、アチェート・バルサミコ・ディ・モデナの15年熟成タイプ（ドゥエ・ヴィットーリエ社）です。DOP認定（保護指定原産地表示）だと1瓶1万円を超えてしまいますが、こちらはIGP（保護指定地域表示）なので3000円程度で手に入ります。甘くておいしいので、使うときについ舐めてしまいます（笑）。ハーゲンダッツのバニラアイスにかけたりしても最高です。

▶ ツナトマトクリームのフジッリ

材料（2人分）
- フジッリ　120g
- ツナ缶　小1缶（80g程）
- 生クリーム　50cc～75cc（お好みで）
- トマトソース　150g～
- 玉ねぎ　1/4個
- バター　大さじ1
- グラニュー糖（砂糖）　小さじ1
- パルミジャーノチーズ、パセリ
  各適量
- 塩、こしょう

1. 玉ねぎは薄切りにスライスする。ツナ缶は油を切っておく。
2. パスタは時間通りにゆでる。
3. フライパンにバターを溶かし、玉ねぎを炒め、しんなりしたらツナを加える。
4. トマトソースと生クリームを加え、グラニュー糖、塩、こしょうで味を調え、2のゆであがったパスタを加えてよく混ぜる。
5. 器に盛り、最後にすりおろしたパルミジャーノとパセリをふり、出来上がり。

02 のいっしゅさん
noissyu

夕食作り開始時間	夕食を食べ始める時間
7時30分頃	10時頃

食費について
まったく決めずに買ってるのでいくらくらいやら（汗）

➡ 「田舎OL雑記帳〜三十路で独りはこんなもの2」 http://yukiku891.blog20.fc2.com/

スーパーの食料品売り場はずーっとぶらぶらできます。

大阪の端っこ在住。普通のOL。とにかく毎日、「今日は晩ご飯、何にしようかな〜」って考えてばかり。そして食べたいものを決めてスーパーに行くのですが、半額品を見るとそれが食べたいものになって、予定は狂いっぱなしです。でも食べたいと思ったものを毎日食べられるって幸せだなと思います。スーパーの食料品売り場はとにかくず〜っとぶらぶらできます（笑）。苦手なものはねぎ。

▶ 夕食献立のこだわり
できるだけ国産を選んでます。おいしいし、安心なので。ご飯は必ず炊き立て。揚げ物、炒め物も作り置きは苦手で、作り立てを食べてます。

▶ 夕食の献立を決める方法
そのとき自分が食べたいものを作ってます。

▶ 2013/05/01
桜えびの炊き込みご飯♪ 春

桜えびの炊き込みご飯。桜えびの旬は、年に2回あるそうなんですが、やっぱり春のイメージ。小さなえびさんにうまみたっぷり。煮物は、京都から届いたがんもの炊いたん。めっちゃ具だくさんで、しいたけとか銀杏とか、ゆりねもたっぷりほくほく〜。青みはほうれん草です。それとやっと出てきた大好きな卵豆腐。おだしたっぷりでおいしいんですが、うちの近所では夏場にしか出てこないんです。

▶ 2013/05/08
豚バラ巻き巻きレンジでち〜ん♪ 春

オクラさんといえば、ねばねば丼、ナムル、そしてもうひとつはこれ。「豚バラ巻き巻きレンジでち〜ん♪」。オクラさんに豚バラ巻いて、レンジでチンして大根おろしにポン酢どっぱ〜。こんなに簡単でおいしくてゆ〜ことあらへんわ。そして、なすそうめん。テレビ番組『満天☆青空レストラン』で初めて知りました。そうめんは奈良・桜井市の「阪口製麺所」さんの三輪そうめんです。

▶ 2013/05/13 　コリアンタウンでお買い物〜♪ お買い物〜♪ 　春

久しぶりに生野のコリアンタウンでお買い物♪ 野菜に肉に豆腐にキムチをのせてがっぷ〜。チシャみそ（韓国の甘辛い合わせみそ）もおいしいんだけど、私は絶対チョジャン（韓国酢みそ）！ チョジャンも酸っぱめが好き♪ 蒸し鶏は、買ってきたその日は冷蔵庫に入れる前にそのまま食べるのが一番！ 塩で食べたり、酢醤油にごま油たら〜っとして食べるのもおいしい。

▶ 2013/05/15 　さばのお酢煮や新物青柳♪

久しぶりにさばのお酢煮。青魚をもっと食べないとあかんと思ってるんですが、どうもね……。新玉ねぎと松山あげのおみそ汁に、いつものしいたけチーズ♪ 豆腐サラダは、サニーレタスにパプリカに水切りした豆腐をのせて。ちょっとだけ岩塩ぱらぱらっとしてごま油たら〜。かつお節どっぱ〜。こうして食べたらうんま〜です♪ 小鉢は、新物の青柳。どうして馬鹿貝って言われちゃうんでしょ？ 青柳だととってもおいしそうなのにね。酢みそたっぷりでおいしい〜。

▶ 2013/05/20 　豚肉とパプリカのオイスター炒め♪

気持ちヘルシーにと脂身の少ないお肉を使いました。パプリカと新玉ねぎと一緒にさっと炒めて、オイスターソースで味付け。それから「国産青大豆のざる豆腐」、なるもの。ほんのり緑色してます。香りも味も濃い〜♪ もうひとつ頼めばよかったわ〜。

02:noissyu

▶ 2013/05/29

パスタ♪ パスタ♪ 　春

「イタリアンスパゲッティ」。普通は「ナポリタン」っていうそうですが近畿圏ではイタリアンと呼ぶ人も多いらしい。あたしも絶対これはイタリアンスパゲッティと呼ぶ。子供の頃、家で食べるスパゲッティといえば、ミートソースかこれでした。アツアツのフライパンにケチャップを入れたときの香りが、そらも〜わくわくするような香りで……。小さい頃は、晩ご飯がスパゲッティやハンバーグ、から揚げとかだとごちそうでした。

▶ 2013/06/05

柿の葉に肉うどん♪ 　夏

柿の葉寿司はこの「ゐざさ」がいっちばん好き〜。そして肉うどん♪　ほろほろになった新玉ねぎと薄切りのおいしいお肉。もちもちおうどん、ずるずる〜。柿の葉ばくばく〜。前に誰かに「柿の葉寿司っておいしい上に一口サイズで食べやすいよな〜」って言ったら、「あれを一口サイズとは言わんやろ！」って言われてんけど……やっぱり一口やんな。

▶ 2013/06/10

喜多方の味 冷やし中華♪ 　夏

私は冷やし中華といえば「名城」一筋。でも、「喜多方の味冷やし中華」っていう見たことないのが売ってたんで浮気しちゃった♪　今年はかなり早くに、冷やし中華始めちゃって、韓国冷麺もすでに始めちゃってます。具にはいつものごとく、ハムじゃなくて鶏肉。蒸してほぐしたのか、鶏ハムみたいなのか、気分次第です♪　今度は久しぶりにハムで作ろっかな〜。「喜多方の味」、なかなかおいしかった！　また見つけたら絶対買おっと♪

▶ 2013/06/13

暑くてもおいしいシチュー♪ 　夏

なんだかシチューが食べたくなったんで、暑いんですが作ってみた。カレーは夏でシチューは冬。こんなイメージって、いつから自分の中に刷り込まれたんやろ？　外は真夏みたいに暑くなってきてるけど、おいしいもんはいつ食べてもおいしい〜。今回は牛乳と豆乳ブレンド。具はひねりもなんもなく、鶏肉、じゃがいも、にんじん、玉ねぎ、そして仕上げにブロッコリー♪　サラダはお気に入りの豆腐サラダ。岩塩ちょこっととごま油で。

▶ 2013/06/16 ｜ 鮭の南蛮漬け♪

鮭の南蛮漬け。鮭の場合はちょっとしっかり目の味にします。そんでもってちょっと（だいぶ）酸っぱめに♪　だって私って酸っぱい星人なんだもの〜。それから豆腐のごま和えと、ちょこっと麺♪　どうにか続いてるビール断ち。しかしいっこも痩せへん。ビール断ちで痩せたツレにメールした。「いっこも減らんねんけどいつから効果出てん！」って。返事は、「そんなすぐ効果なんか出るかいな！　最低1カ月は続け！」って。そんなにかかるなんて最初にゆっとけよ〜。

▶ 2013/07/08 ｜ 和、な感じ♪

久しぶりに行ったスーパーでいろいろ買い込んできました。お揚げさん、島豆腐〜、焼きニギス。焼きニギスはなんと半額49円♪　焼きニギスと島豆腐の炊いたん。魚からえ〜だしが出て、それを豆腐がしっかり吸収〜♪　長芋入りもずく酢に、冬瓜のサラダ。大きな冬瓜はひとりでは食べるのが大変そうですが、煮ても焼いても生でも食べられるんで案外食べ切れちゃうんです。今回は生♪　ベランダで収穫したはつか大根もプラス。ちゃんと丸く育った子もいるんですが、長くなっちゃって丸く育たなかった子も。でもどちらも味は一緒でおいしいんだよ。

▶ 2013/07/08 ｜ ニラピザ♪

この前の青空レストランで見た「ニラピザ」。おいしそうだったから作ってみました。生地は手抜き。チーズたっぷりで、ニラシャキシャキでめっちゃおいしい〜。久しぶりにピザ食べた♪　幸せ〜。サラダには、レタス半玉にのり。きゅうりもプラス。スープは、たっぷり炊いたミネストローネ。これが最後だったんでまたお野菜たっぷりスープ炊かなくちゃ。

▶ 2013/07/23　セロリと豚肉の塩炒め♪

セロリと豚肉をさっと炒めただけ。な〜んのコツもありません（笑）。しかし、レモンたっぷりちゅ〜っとしたら、それだけでめちゃおいしい。あとは、厚揚げを焼いておかかのっけて醤油ちょろっと。ご飯は、大好きな「しょうがご飯」。しょうがと薄揚げ入れて、風味付けにほんの少〜しだし醤油。これだけでおいしいご飯になります♪　普通の炊き込みご飯のように、主役になるような味ではなく、おかずの邪魔はしないけど、説明できないおいしさ。冬にはもちろん夏でも頻繁に作ってます♪

▶ 2013/08/14　豚ロースのソテー、フレッシュトマトソース♪

たっぷり採れたトマトでソースを作りました。この前は鶏モモだったので今回は豚ロース。夏バテしてるんで豚さんにパワーをもらいましょ♪　しっかしおいしい〜♪　付け合わせのじゃがバターも。豆腐と卵とハムの簡単スープにはちょっとトロミを付けました。豆のサラダはヨーグルトとにんにくで元気いっぱい♪　さて、老犬君にご飯食べてもらってバイト行ってこよっと♪

▶ 2013/08/21　ゴーヤ炒飯っておいし〜♪

昨日はゴーヤ炒飯。手羽中の塩焼きは、何の芸もなく、ただこんがり焼いただけ。レモンたっぷりでシンプルに。

▶ 2013/8/24

揚げないささみフライ♪

ヘルシオさんで、揚げないささみのチーズ大葉フライ♪ レモンをちゅ～っとして中はチーズとろとろ～。牛肉とわかめのスープ。いつもの牛肉とわかめのスープは、炊き込んだのがやっぱりおいしい～。

▶ 2013/08/29

なんちゃってタッカンマリ♪ 夏

秋の匂いがしてきたら、とたんに食べたくなるなるお鍋。久しぶりになんちゃって「タッカンマリ」♪ タッカンマリとは鶏一羽という意味。丸鶏を煮込んだ鍋だけど、鶏一羽どころか骨付きの鶏肉もまだ置いてるスーパーが少ないので手羽ともも肉で。ねぎは苦手なんでたっぷりのニラを。たれは酢、醤油、辛いみそ。酸っぱ辛いって最高♪ じっくり土鍋でコトコトしたんで骨からお肉がぼろっとやっぱりおいしい～♪

▶ 2013/09/10

恵みの秋♪ 秋

先日、三重県の新米をもらい、今日は鳥取県の新米とおいしい生みたて卵のセットをいただいた～♪ 551のシュウマイに、新米に卵、生しば漬。めちゃくちゃおいしい山口とうふさんのゆば豆腐。シュウマイはウスターソースか、酢醤油がスタンダードだとこの年になるまで思ってましたが今回、醤油も用意してみた。しかし醤油で食べるなんて初めてでびくびくもん。シュウマイがシュウマイじゃないようで落ち着かんかった（笑）。

▶ 2013/09/19

秋の恵みご飯♪

さんまの塩焼き。山芋豆腐ステーキ。ゆば豆腐。さつまいもと豚肉のみそ汁。まいたけご飯。この日はいただきものだらけの晩ご飯。さんまは実家に寄ったらもらっちゃった。残念なのは、頭も落とされて半分にカットされちゃってたこと。やっぱりど～んと長～いのがええよねぇ。山芋豆腐は片栗粉をしっかりまぶしてじゅ～おいしい。豆腐に山芋の食感がこれまたおいしい♪ バターにポン酢でほんまおいしい。

02:noissyu
031

▶ 2013/09/27　　　　　　　　　　　　　　▶ 2013/09/30

ステーキ、松茸添え♪　　秋　　## 根菜カレー♪　　秋

特売の国産牛肉を買った♪　ステーキに松茸のソースを添えたおいしそうな写真を見かけたので、まねっこしてみました♪　ただちょっと軽めの味付けにアレンジ。3本の松茸を1本は炊き込みご飯。そして今回これで1本。さて、あと1本は何しましょう？　付け合わせの、北海道のじゃがいもさんが、肉にも松茸にも負けずにおいしい。

何気に高級なカレールウ、「SBフォン・ド・ボー」久しぶりに買ってみた。夜のお散歩でどこからかカレーの匂いがして。くんくんしてるうちにすっかりカレーのお口になっちゃって（笑）。冷蔵庫にある根菜をたっぷり入れました。大根、ごぼう、れんこん、玉ねぎ、にんじん。ベランダししとうはさっと素揚げにしてトッピング♪ コロッケは、奈良にある専門店で買ってきたサーモンクリームコロッケ。

▶ 2013/10/07　　　　　　　　　　　　　　▶ 2013/10/25

ゐざさ寿司&すだちそうめん♪　秋　　## 秋ですからさんまパスタ♪　秋

おいしいお寿司が届いたんで、晩ご飯の予定は変更♪ どれもみ～んなおいしいんですが、何といっても山菜巻きがおいしいのなんの。昨日は10月だというのに31℃だった大阪。冷たいそうめんにしました。もちろん奈良の三輪さんのめちゃくちゃおいしいそうめんです♪

さんまのおいしい季節には一度は作っておきたいさんまのパスタ。先にさんまを焼いてざっくりとほぐしておく手間はかかるんですがそれだけの価値あり。仕上げのバターでコクUP♪ 次のさんまは炊き込みご飯かな♪ 副菜には豆腐のサラダと、鶏肉とキャベツのトマト煮。たっぷりのキャベツもくったり煮ればペロッと食べられます。昔はトマト味が苦手だったけど今では大好き。絶対にトマト缶は切らしません。

02:noissyu

▶ 2013/10/30

サーモンを粒マスタードソースで♪ 秋

夕方のサーモンの半額率はかなり高め。ムニエルにして粒マスタードを使ったソースをたっぷりかけました♪ スープは、きのことベーコンの簡単スープ。キムチは、どんどん酸っぱくなってきて、好みの味になってきた。おかずがなくてもこれだけで、ご飯わしわし〜。キムチだけでご飯わしわしですが、ちゃんとサーモンさんでもわしわししました。

▶ 2013/10/31

ガーリックシュリンプ♪ 秋

なんちゃってガーリックシュリンプ。たっぷりのバターで、マリネ液ごとえびさんをじゅ〜っとして、レモンをこれでもかってくらいにちゅ〜。夜中の3時半にぐずぐずしだした老犬君（もうすぐ21年目）。よしよししようと手を伸ばしたら、おやつと間違え、がっぶ〜!! 私の指は倍ほどに腫れてます。この腕一本、いやこの指一本？であんたを養ってるのに恩知らず〜。週末は大量の発注処理のバイトが待ってるのにやばいっす。

▶ 2013/11/11

タクティクスとホットロード♪ 秋

あんまり作らんけどビーフシチューってやっぱりおいしいんだよね。寝る前に「懐かしい香りが脳を活性化させる」という記事を読んで、カルバンクラインとタクティクスの香りを思い出した。そしたらタクティクスから、漫画『ホットロード』（同じ年代の人ならこの繋がり、わかってもらえるかな？）を思い出し、ど〜しても読みたくて読みたくて……。ネットって便利だけどお財布には……電子書籍1400円でお買い上げ〜。明け方まで読んでしまった……。私、辛抱できない女なんです。

▶ 2013/11/19

薄大根と豚バラのフライパン蒸し♪ 秋

フライパンにうす〜く切った大根と豚バラと交互に並べて弱火で蒸し焼きにしただけ。「取っ手の取れる〜♪ ティファール♪」なのでそのままテーブルへ。大葉をたっぷりのせまして〜、大好きな「ゆずすこ」（液体ゆずこしょう）とポン酢なんかで、いただきます〜。シンプルでヘルシーでおいしい〜! 餃子は、大阪王将の冷凍餃子。これは水餃子と違って国産野菜の国産工場だったんでお試し♪ 焼くよりヘルシーに水餃子にして、酢醤油とラー油をたっぷりたら〜。

02:noissyu

▶ 2013/11/25
ぶり豆腐＆粕汁♪

秋

ぶり大根のつもりだったけど、大根コトコトなんて時間がないので、「ぶり豆腐」。豆腐でもおいしいんですよね〜。ぶりもアラじゃなく、切り身でこれまた時間短縮♪ サラダは、玉ねぎサラダ、おかかのせ〜。そして、酒粕で粕汁。今日も仕事が終わったらバイトへ。帰ってきてからご飯作り。あぁ、おいしいご飯を作って待っててくれる「嫁」が欲しい。

▶ 2013/11/27
牛すじ肉のラグーソース♪

秋

手抜き晩ご飯、次の昼はほか弁……。そんな食事が続くとほんとにストレスがたまる……。ってことで、昨日はバイト行くのをやめて、ストレス発散の晩ご飯。牛すじ肉でラグーソース。玉ねぎ、セロリ、にんじんたっぷり。牛すじがとろっとするまで煮込む時間はかかるけど、かける価値あり♪ 先日買ったパスタもおいしい♪ ちょっと気持ちが落ち着いたわ♪

▶ 2013/12/06
焼きそば定食♪

冬

大阪人ですから、ふっつ〜にダブル炭水化物な、焼きそば定食で晩ご飯。キャベツ半玉、にんじん1本、麺1玉、豚バラ4枚。おもいっきりシンプルな焼きそば。簡単で早くてとってもおいしい♪ 会社に着いたとたんにバイト先からメールが。「今日めっちゃピンチやね〜ん」って。……そう言われても会社着いてるしね〜。「今日一日どうにか乗り切れ。明日朝から助ける」って返事してんけど、返信なし……。だ、大丈夫かな？

▶ 2013/12/18
豚ロースのステーキ♪

冬

豚ロースのステーキ。ソースにはバルサミコを。おいしい豚肉は〜脂んとこがいっちゃん好き。付け合わせのじゃがいもとにんじんはストーブ調理。留守の間は老犬君のためにエアコンですが、帰宅と同時にストーブとファンヒーターにチェンジ。せいろにじゃがいもとにんじん入れてストーブの上でほったらかして用事済ませて、ご飯の支度して〜。朝ご飯用のゆで卵なんかもせいろにほうり込んで作ってます♪ お部屋をぬくぬくしてくれておかずまで作ってくれるストーブってほんとに素敵。

▶ 2013/12/24
鉄板焼き♪

冬

新しいおもちゃゲットした気分♪　野菜とか切っただけで、じゅ〜！　この鉄板、安かったのにええ仕事する。めっちゃいい感じ！　大きさもちょ〜どええ！　これで千円ちょっとってええ買い物したわ♪　もんじゃプレートってなってたから　近いうちに初もんじゃしてみよっと。鉄板焼きで絶対外せないのはやっぱり厚揚げだよね〜？　今日はちび（ワンコ）とさよならして2年。お花とお供えのおいしいのん買ってかえろっと。

▶ 2013/12/25
ゆず鍋♪

冬

野菜や鶏肉の間にスライスしたゆずを挟んで〜。ストーブにのせてほっといたらゆず鍋の晩ご飯。本当はごっつい大根のほうが好きだけど、時短のためぺらぺら大根に。マロニーLOVE。

▶ 2014/01/08
簡単トマトソースのパスタ♪

冬

昨日は夕方の6時に、あまりの眠気に倒れそうだった。このままちょっと飲んで寝ようか？　な〜んて思ったけどやっぱり食べて寝よってことで、ささっと作った簡単トマトソース。半額だったイタリア産の水牛のモッツァレラがあったので、シンプルなトマトソースと一緒に食べたくて食べたくて。このモッツァレラがうんめ〜のなんの！　まだ残ってるので今日はピザに使おうかな？上にのってるバジルの葉は、ベランダで去年の夏から年越しチャレンジ中の子です。

▶ 2014/01/14
ごぼうカレー♪

冬

お節もいいけどカレーもね♪　昭和レトロなCMを現役で見てました（笑）。カレーには大好きなごぼうをたっぷり♪　お肉は薄切りのほうが好きですが今回はおいしそうな和牛のカレー用肉が特売だったので。付け合わせのマリネは、ちょっと一手間、塩まぐろにすると、安いサクでもとってもおいしくなんねん♪　レモンにライム、塩と黒こしょうにオリーブオイル。新しいおもちゃの「キンドルペーパーホワイト」（電子書籍リーダー）。確かにこれ読みやすいわ♪　今は無料本を楽しんでます。

02:noissyu
035

▶ 2014/01/21
チキン南蛮♪
冬

バイト先でお昼に市販の弁当食べてる子がいて、えびフライにタルタルソースかかってたの。そのタルタルソースの香りがず〜っと残ってて。2日経っても忘れられないから食べることにした（笑）。酸っぱいたれがからんでるとこに、さらにレモンもちゅ〜っとして、タルタルにもたっぷりレモンが入ってて、それをべっちゃ〜と付けて、がっぷ〜♪　おいしくって幸せ。これで太らんかったらもっと幸せなんやけど。

▶ 2014/01/27
豚バラ巻き巻きレンジでち〜ん♪
冬

久しぶりの「豚バラ巻き巻きレンジでち〜ん♪」。簡単でチンするだけ、最初から最後までお皿一枚。ずぼらなあたしにぴったりのおかず。今回は大葉も巻いて、大根おろしもすりすりしました。サラダは、図書館で借りてきた本からだけど、本とはかなり違う出来（笑）。だけどいんげんがめっちゃおいしい〜。どうして今まで似たようなサラダ作ってきていんげん入れるって発想できなかってん！　ってくらいおいしい。

▶ 2014/02/05
手羽先の炊き込みご飯♪
冬

手羽先はにんにくとかしょうがとかその他もろもろに漬け込んでおいたのを、トースターで表面こんがり焼いたらご飯と一緒に炊き込み。レモンをたっぷりちゅ〜。あとは、小鉢2、3品におみそ汁の予定だったんだけど、その気力がなく……。むね肉とパプリカを炒めてスイートチリソースをどば〜。それから久しぶりのしいたけチーズ。とにかくがっつりいただきました。

▶ 2014/02/09
ソチだもん！
冬

ソチの名物ではないでしょうが、私の乏しい知識ではロシアといえばビーフストロガノフ（笑）。本物食べたことないので、なんちゃってビーフストロガノフを作って〜、最初のメダルなるか！　の競技を見ながら食べました！　サワークリームの酸味がそらも〜おいしいのなんの。副菜には帆立のマリネ。神戸の粒マスタードに今回初のチャレンジで、わさび菜を香りと彩りで入れました。帆立っておいしいよね。レモンたっぷり絞ってうんま〜い。特別スポーツ観戦が好きじゃない私でもオリンピックはとっても気になります。

02:noissyu
036

▶ 2014/02/26
とん平定食♪

冬

大好きな「とん平焼き」。とん平は、卵と豚のバラ肉のみ。絶対に野菜とかの具は入れない派です。特別な用意をしないでさっと作れてしかもおいしい！ 帰りが遅くなって疲れてるときのお助けご飯にもぴったりですが、遅い時間にがっつり食べて……ブヒ。おみそ汁にはなめこ。プレミアムなめこってのが売ってた。お隣・奈良で作られた自信作です！って。確かにおいしい～。おみそは「秋田みそ」。初めてのおみそってドキドキわくわく。

▶ 2014/02/27
チキンとポテトのオーブン焼き♪

冬

夜は時間がないと朝からわかってたので、出かける前に鶏モモを、レモンたっぷり使ったマリネ液にどぼ～ん。帰ってきたら新じゃがと一緒にオーブンへ入れ、30分もしたら完成♪ パリパリに焼けた鶏モモとそのおいしさを吸った新じゃが。最高♪ もっちろんレモンたっぷりちゅ～っとしながらいただきました。忙しい日のスープはお手軽な、MCCのクラムチャウダー♪

▶ 2014/03/03
カップ焼きそば

春

土曜の夕方、老犬君（21年目）の様子が急変。夜間診療を探し、ようやく見つけた病院で何時間も待ち、診てもらえたのは朝の4時。わかってたことですが、もう特別にできることはなさそうです。浅い息のまま眠ってる老犬君。私、そういえばご飯食べてなかったなと、コンビニでカップ焼きそばとおにぎり買ってきて食べようとしたけど結局ほとんど食べれませんでした。昨日の夜は老犬君と一緒に寝ました。とにかく最後まで自分に何ができるか、どうしてやるのが一番なのかを考えなくちゃね。

▶ 2014/03/06
焼きそば定食

春

キャベツが入ってない。　どうも納得いかない感じの焼きそば。やっぱり焼きそばにはキャベツがないとあかんわ～とひとりでぶつぶつ（笑）。半熟卵をとろ～んとしてからめて食べるのがおいしいんです。

▶ 2014/03/10
ご報告

3月8日土曜の夕方。老犬君が静かに旅立ちました。私の帰りを待っていてくれたようで抱きしめた私の腕の中で数度の小さな息をして、その後静かに鼓動が止まりました。家に帰り着いてわずか2、3分でした。昨日葬儀も済ませましたがまだ片付けなどもあり、ブログは2、3日お休みさせていただきます。ご報告が遅れてしまってご心配をおかけした皆さんごめんなさい。

▶ 2014/03/13
ありがとう

写真がないってのも寂しいんで先週の晩ご飯。数日まともなご飯を食べてなく、あれやこれやと片付けなどをして過ごしていたのでちょっと前の晩ご飯の写真をのせてみました。いつまでも泣いていられない。今日くらいからちゃんとご飯を作ろうと思います。たくさんの老犬君へのお悔やみと私への温かいコメント本当にありがとうございました。

▶ 2014/03/17
想いがいっぱい晩ご飯

朝の9時に出勤して、帰ってきたのは夜の7時すぎ。今週からはがっつり仕事しようと思っていて、帰ってきたら外は真っ暗。ご飯はもういいやって思っていたら、「ご飯炊いてあるから帰ってきたら連絡してね」。別の方からは「おいしいお豆腐屋さんでふっくら厚揚げ買ってきたよ」とおすそ分けが。私の大好きなご飯を炊いてくれた奥さん。厚揚げや豆腐が好きな私のために遠くまで買いに行ってくれた奥さん。久しぶりにご飯がおいしいな〜って思いました。

▶ 2014/03/18
私はとっても幸せもの

昨日ご飯をいただいた奥さんにお礼を伝えて、最近ご飯作るのがとってもしんどかったことや、食べてもおいしくなくて、誰かが作ってくれたご飯がとってもおいしかったことを伝えたら、なんと昨日の夕方、もっといっぱい作ってくれた！　おにぎりもみ〜んな味が違う！　にんじんしりしりにじゃがいものきんぴら。ひじきの炊いたん。イカナゴのくぎ煮。「23年暮らした猫ちゃんと数年前にさよならしたので今元気が出ないのわかるから遠慮なく甘えてね」って。私はとっても幸せものです。

▶ 2014/03/31
ヘルシオさんで
照り焼きチキン♪

春

鶏もも肉をたれに漬け込んでバイトへ。帰ってきたらヘルシオさんにお任せしてる間にご飯炊いたら終わり♪ じゅ～し～に焼きました。PCのお引っ越し作業が思うように進まなかった今日一日。疲れた……。

▶ 2014/04/14
たけのこと鶏の炊いたん♪

春

いただいたたけのこ鶏肉を炊きました。「希少糖」をいただいたので使ってみたんだけど甘さの加減がわからなくて少し甘めに仕上がった。普段からほとんど砂糖を使わないんで、使いきれるまで消費期限大丈夫かな？ おみそ汁は、最近お気に入りの春キャベツと豚バラ。副菜には、しいたけチーズ。最近ちょっとしいたけが安いんで、せっせと買ってきてベランダで乾燥させてます。う～ん、春やわ～。ゴーヤや夏野菜のための土作りを週末に済ませました。

▶ 2014/04/17
パスタ入りミネストローネ♪

春

大好きな野菜スープ。大きなお鍋にいっぱい炊いて半分くらい食べたらトマト缶入れてなんちゃってミネストローネに。パスタを入れたら食べごたえたっぷりです♪ パスタのストックが少なくなってきたから週末買いに行かなくちゃ。鶏むね肉と春キャベツのサラダは、粒マスタードたっぷりドレッシングで、キャベツとにんじんが甘～い♪ スナップえんどうにはマヨネーズ。最高の食べ方！

▶ 2014/04/18
砂ずりとアスパラの塩炒め
＆みょうがご飯♪

春

みょうがご飯、ぬか漬け、納豆、鶏と根菜のみそ汁、じゃがいものきんぴら、砂ずりとアスパラの塩炒め。砂ずりは下処理したら塩だれでマリネしておいてアスパラと一緒にじゅ～。レモンたっぷりちゅ～っとしたらコリコリうまい♪ 国産アスパラは3本で298円。高かった。そしてみょうがご飯。みょうががと～っても安く売ってたのでつい連れて帰ってきちゃって♪ うす揚げとみょうがたっぷりのご飯。

02:noissyu

column interview

『突撃！隣の晩ごはん』ヨネスケさんインタビュー

晩ご飯は愛情ですよ！

大きなしゃもじを持って晩ご飯どきの家庭に上がり込み、「奥さん、これはうまいね〜！」。そんな『突撃！隣の晩ごはん』を覚えている人も多いのではないでしょうか。26年間、約6,000軒の一般家庭の晩ご飯を突撃取材してきたヨネスケさんにお話を伺いました。

自分のウチにも突撃！家族が食べてたのは……

アポなしで突撃してたってホント？って、いまだに聞かれるんだけど、ホントですよ。番組開始当時、一番最初のお宅ではアポを取ったんだ。そしたらものすごいごちそうが並んじゃってさ。それじゃ番組がおもしろくないんだ。

だいたい自分ちの夕飯にアポなし突撃したこともあった。ハンバーグかな、から揚げかな、なんて思ってたけど、まったく、何食ってたと思う？

残り野菜しか入ってない「けんちんうどん」だよ！ おかずなしで食卓には丼だけ……。かみさん、「なんで今日なのよ〜！」って怒ってたよ。さすがにアポなしが証明されたよね。

料理上手な奥さんは一発でわかる

6,000軒もお邪魔しているうちにね、料理上手な奥さんは一発でわかるようになったよ。それは、冷蔵庫の中がきれい！ってこと。冷気を逃がさないビニールのヒラヒラなんか付いてて、びっしと食材が並んで。冷凍庫には、小分けして日付が書かれた保存袋が整然と並んでるんだ。台所も片付いててね、砂糖や塩の容器にもわかりやすくラベルが付いてる。料理で使った鍋をさっさと洗ったそばから片付けていったりして手際もいい。こりゃ期待できるなって思うと、ホントにおいしいの。

でもそんなお宅は……そうだなあ、30軒に1軒だったけどね（笑）。

主婦にとって、食事作りは大変だよね。サラリーマンが会社に行くのと同じくらい、毎日のことでしょ。金銭面でのやりくりもあるし、残り物もあるし、特売で買ってきた食材もある。みんな献立に悩んでるんだよね。だから、『隣の晩ご飯』を朝見ると、その日の夕飯のヒントになって助かるわ、ってよく言われたよ。

夕飯がパンだったのは6,000軒中たったの3軒！

26年番組をやってるうちに、ご家庭の献立も変わってきたよね。だんだん洋風な献立が増えたし、漬け物はぬか漬けとかたくあんじゃなく、キムチになったねえ。キムチは今じゃたいていの家庭の冷蔵庫に入ってるんじゃない？

それでもこれまで6,000軒で、夕飯がパ

ヨネスケ（桂米助）

1947年千葉県生まれ。高校卒業後、桂米丸氏に弟子入りし、落語家に。1967年デビュー。71年二ツ目昇進。高座とともにテレビ出演も増える。その後「ルックルックこんにちは」（日本テレビ系）中の「突撃！隣の晩ごはん」のコーナーで一躍、全国区の人気となる。81年真打昇進。落語以外にも野球、大相撲などに造詣が深いことで有名。現在、落語芸術協会理事。

ンだったのって、たったの3軒（！）なんだよ。スパゲッティとか麺は結構あったけど、パンは3軒。米の消費量が減ったと言われるけど、日本人の晩ご飯は、やはり「ご飯」なんだよねえ。

晩ご飯って愛情だよね

僕は千葉の姉崎っていう半農半漁の町で育ちました。貧しい家だったけれど、今思うと、新鮮な魚に野菜、素材そのものの味を食べてたんだなあと思う。そのせいか、昔から食にはこだわりがある。うまいものが大好きだから、いい店があるって聞くと早速食べに行ってみる。そして料理人に作り方を聞いて試してみたり。自分でもよく料理するしね。だから、お店でまずいもんが出てくるとがっかりして不機嫌になっちゃう。

だけど番組で突撃した家庭で、味がどうこうとかは全く思わなかった。いきなり押しかけて行ってお邪魔してるんだから。申しわけないなと思いながら味見させてもらってたよ。だいたい晩ご飯って毎日のことだから、普通そんなにすごいもんは作らないでしょ、それでいいんですよ。

それに、家庭の料理は、結局は愛情なんだよね。夫や子供にうまいもんを食わせたいという愛情。それが料理に出ますよね。見ればわかります。

だいたい子供って正直だから、どんな既製品よりお母さんの手作りが大好きなんだ。愛情を注いだ手作りご飯を食べてた子供は、絶対いい子に育ちますよ。

物は器で食わせる。見た目は大事

あとは見た目だな。「ものは器で食わせる」と昔から言われてるけど、盛り付けも大事。ちょこっと木の芽なんか添えただけでも、旦那は「おっ、今日は豪華だな」なんて言うよ。男って単純だから、うまい晩ご飯が待ってたら、家で晩酌しようかなって気にもなるもんさ。

もしレトルトだったとしても、器にちゃんと移すとかね。それだけでも違いますよ。それに最近のレトルトやコンビニは優秀ですからね。僕、コンビニの冷凍味噌煮込みうどんやあんかけ焼きそばなんかは結構好きなのよ。まっ、おでんは僕が2日かけて作ったやつのほうが断然ウマイけどね！

column

03 sobubuさん
sobubu

「sobu 2」 http://sobubu.exblog.jp/

夕食作り開始時間	夕食を食べ始める時間
6時45分前後	7時35分前後

食費について
1日1,500円から2,000円程度

おいしいつまみで楽しく家飲み。息子には野菜を！

ペットが大好きでペットショップに長年勤め、今はコンピューター関連での会社員16年目。特技は車の運転に編み物、読書に映画鑑賞。そして日々おつまみを作っての家飲み＆サウナという小さな楽しみのもと、おとなしく暮らしていたら、気が付けばすっかり中年の大阪のおばちゃんに。息子とふたり、バタバタと忙しいながらも楽しい毎日を送っています。

▶ **夕食献立のこだわり**
息子中心の献立になりつつも、野菜を摂るよう気を付けています。肉や魚、洋食に和食が続かないよう気を付けながらも、2人分という少人数で皿数を増やす工夫を常に心がけています。

▶ **夕食の献立を決める方法**
仕事帰りに考えます。主に冷蔵庫の中身を思い出し、作れるものを組み立てる。材料がなければ帰りに買います。

▶ 2013/03/01　炭火焼き風つくね　春

今年の春はハーブを育てようと思う。スーパーで買うと高いけど、ハーブがあれば料理の幅も広がりそうだし、何より見た目がおしゃれになる。あぁ、春になるとなんだかウキウキするなぁ〜！　夕食は鶏のつくねを作りました。そしてメインのつもりで作ったのは、サーモングリルにいんげんをたっぷり添えて。いんげんはバターでコッテリ焼き上げました。

▶ 2013/03/06

鮭の塩おこわ

最近「ジェイミーの30 Minutes Meals」という番組にハマっている。料理が超ウマそう！ 料理しよう！って気にさせられる。で、夕食は、鮭の塩おこわ。朝、出勤前にもち米だけ洗って水に浸けておきます。帰宅してすぐざるに上げて、30分間置いて、土鍋に移して塩と酒で炊きました。❶炊き上がったら、グリルで焼いた鮭をのせて蒸らす。❷数分後鮭をほぐしてごまと混ぜるだけ。息子は鮭は皮しか食べないのに、おいしかったのかペロリと食べていました。❸メインは焼き肉の肉が1パック残っていたので、フライパンで焼きました。❹野菜は太いアスパラガスを塩ゆでにし、クリームチーズとバターミルクドレッシングを混ぜたソースで。❺汁は稲庭そうめんととろろ昆布のお吸い物。

1	2
3	4
5	

春

▶ 2013/04/10

醤油恋し

1	2
3	4

3月で学童を辞めた息子。先週からは本格的なカギっ子生活で、放課後は友達と遊びまくっている。しかし新参者ゆえ、早くも公園で6年生にいじめられた模様。自転車を倒されたり、唾をかけられたり……本音はそいつをボコボコにしに行きたいところだがそれはあくまでも妄想にとどめておきましょう。子供には子供の世界がある。うまく世渡りを覚えるんだ！ ひとりっ子よ！

夕食は……無性に醤油味系のものが食べたくなり、魚屋さんへ。❶はまちかな？ぶりかな？（わからん）と貝柱のお造り。❷大きな切り身のぶりは、照り煮にしました。超おいしぃ〜。❸野菜はかぶの炒め煮。❹そして「クック膳」で煮た新じゃがの煮物。短時間なのに水っぽさゼロ♪

春

▶ 2013/04/24

ライム貝柱

今日の夕食はほとんど出来合い。❶貝柱には、塩に粗引きのこしょうにオリーブオイル。ライムをジュ〜っと絞って。あっさり、ねっとりおいしゅうございました。❷そして買ってきたローストビーフと、❸クラムチャウダー。❹それから厚揚げをごま油でカリリと焼いたもの。醤油をジュッと回しかけて食べるとおいしい。ってことで、食材はすべてコストコで調達。❺マヨネーズに白だしとか。❻卵にクリームチーズとか。❼いくら、帆立の貝柱やローストビーフとか。❽お肉に生ハム。❾キウイにライム、ルイボスティーにラーメンなんぞ。コストコへ行くときは2パターンに分かれます。洗剤系がメインのときと、食材系がメインのとき。今回はがっつり食材を買いました。この量を駐車場から部屋まで運ぶのが大変なのじゃ……。

1	2	3
4	5	6
7	8	9

春

03:sobubu
045

▶ 2013/05/20 ｜ サーモンの塩焼きバターのっけ　　春

アトランティックサーモンを解凍して塩焼きに。うちではムニエルにはせず魚焼きグリルで焼いて、冷たいバターをトッピングします。グリルで焼くとカリカリになるし、粉を付けないぶん、あっさりいただけるので好きです。バターにせずタルタルにしてもいいのですが、今回はバター、そして醤油をタラリ。息子もお気に入り。小さなおかずは、やや厚めの豚ロースにしそを巻いて焼いたもの。

▶ 2013/05/24 ｜ 淡路の新玉でかつおのたたき　　春

昨日、『秘密のケンミンSHOW』で高知のかつおのたたきが放送されていました。高知に行こうと思えば車で5時間はかかりますが……行きたい〜!!!　しかし、かつおのたたきをにんにくスライスで食べるのは全国的ではなく、しょうがのすりおろしだそうだ。甘い淡路の玉ねぎがあったので、生で！　いつかは本場の塩たたきを食べてみたいわ。

03:sobubu
046

▶ 2013/06/05 | ロードチキン　　　　　　　　　　　夏

昨夜「頭が痛い」と言って8時すぎに就寝した息子。心配していたのですが、今日、奴が帰って来たのは7時すぎ（もちろん遊んでいた）。最近の門限は6時なのに。そして家に帰ってきてソファに寝転び「頭痛い」とな……。そんな日の夕食は、とってもウマいローストチキン。前日からスパイスをして寝かせておいたものです。そして定番、ポテトサラダ。

▶ 2013/06/25 | 真っ赤なクラムチャウダー　　　　　夏

トマトクラムチャウダーってあるんですね。本当はミルクたっぷりクラムチャウダーを作るつもりだったのですが、ちょっとクリームは重いなとミネストローネに変更！ アサリを投入すると、一気にスープの味がガラリと変わりました。クラムチャウダーのような、ミネストローネみたいな……合体スープになりました。メインはポークソテー。肩ロースの部分です。

03:sobubu

▶ 2013/07/27

豚巻きソーセージ

1	2
3	4
5	

夏

❶やりそうでやらない、豚肉を巻いたソーセージ。前日の冷しゃぶの豚肉を、5枚だけ残していた。で、野菜を巻こうと思ったら、なんにもなかったのでチーズソーセージを巻いて焼いてみました。ソーセージを豚肉で巻く……ハッキリ言ってあまり意味を見出せませんが、アツアツに粒マスタードをたっぷり付けて食べたら……あらおいしい。息子も一口食べて「うっま〜！」と意外に好反応。で、以下も冷蔵庫の残り物一掃メニューです。❷山芋と温泉卵。❸食べ忘れていたシラス。シラスはそれほど好きなわけではありませんが、カルシウム摂取のために買っています。❹鴨のパストラミ。安いけど、結構おいしいので好きです。❺キムチスープ。残り物……と言いつつあれこれ出していたら結構なラインナップとなった夕食でした。

03:sobubu

▶ 2013/08/13

すだちと塩の冷奴

子供が小さかった頃、せっかく作った食事にそっぽ向かれたり、前はパクパク食べてたものが今日はまったく食べなかったりとかすると、「あ〜ぁ、食べたいものを言ってくれればなぁ〜！」なんて思ったものです。しかしそれも一時的なもの。この日は、スーパーの入り口で「ママ、今日はステーキが食べたいなぁ」とリクエスト。そんなときはいつも小さかった頃を思い出して「ん、そうしよう！」となります。しかし、安いオージービーフがなく、国産霜降りステーキ肉を買う羽目になったのですが……。息子「ご飯に合うわぁ〜！ おいしいな！」そりゃそうやろ……。この日の夕食はふたり別々のメニューをお互いつまむ形になりました。息子：❶肉＋❷キャベツ（スープ代わりのキャベツの丸ごとベーコン煮）私：❸かつおのたたき（売ってると絶対カゴに入れてしまう）＋❹冷奴（枝豆豆腐に岩塩ガリガリ、すだちキュッ）

1	2
3	4

夏

▶ 2013/09/05

まいたけご飯と豚汁

秋ですね。我が家は松茸を買う勇気がないので、まいたけご飯にしました。❶❷昆布とかつおでだしを取って酒、醤油で炊き込んでいます。すだちを絞っていただくとおぉ～！土瓶蒸し風味やん！（ん、違う？）でも、立派な秋味っぽいメニューです。❸そして気温が下がると、これまた食べたくなる豚汁。豚バラ肉は、煮込む時点では少しだけしか入れず、火を止める時点で残りをドバッと投入。パッサパサじゃない豚肉はおいしい（だしガラのようになってしまったカレーの肉や豚汁のお肉は嫌いです）。❹サラダはマカロニサラダ。❺メインのおかずはぶりのフライパン照り焼き。醤油は鹿児島の「母ゆずり」なので、とってもコッテリした照り焼きが出来上がりました。息子はお腹が空いていたようで、できあがるまでずっと「まだ？ まだ？ まだ？ まだ？ まだ？ まだ？」ととてもうるさかった。あまりにしつこいとイラッとします。

1	2
3	4
5	

秋

▶ 2013/10/04

激ウマ！ ごぼうと牛肉のちらし寿司

❶スーパーで牛のこま切れを200g程購入。ショーケースには超霜降りのが100g程の小山の状態で並んでいるのに、計りにのせられた肉は半分以上赤身。「あれ？ 手前のは霜降りなのに全然違うやん！」と思ったことをスグに口にする私。すると店員は、「そちら（私側から見える部分）にあるのはほとんど脂なので食べにくいかと思いまして」と。私は「そっか、ありがとう！」とお礼まで言ったが、今思うとなんとなくだまされた感が……。ま、気を取り直してごぼうのささがきを準備。❷お肉とごぼうは別々に甘辛く味付けします。ご飯は酢飯にし、冷ました具材とさっくり混ぜ合わせたら出来上がり！ ❸❹みそ汁にちくわ。副菜にまったく力が入っていません。でも、ちくわおいしい！

1	2
3	4

秋

▶ 2013/11/20　　長芋入り粕汁　　　　　　　　　　　　　秋

寒さを感じたら必ず作る粕汁。今年もこの日がやってきました。材料を入れて水を張ってコトコト2〜30分煮るだけ。本来は、魚のアラを使いますが臭みがイヤなのでいつも豚バラで作ります。また、みそは入れずに塩で味付けしています。里芋の代わりに長芋を入れたら、これがよかった！ 皮をむくのも簡単です。酒粕効果で体もポカポカ。

▶ 2013/11/29　　アーリオ・オーリオ　　　　　　　　　　秋

シンプルなアーリオ・オーリオ・ペペロンチーノ。パセリは飾りじゃなく一把分、にんにくはたっぷり4片分入っています。メインはじっくり煮込んだかきとチキンのクリームシチュー。そしてパンは「シティ・ベーカリー」のカンパーニュ！ 1個720円というすごい価格ですが、外はカリカリ、中はギュッと詰まっていてしっとりでおいしい♪

▶2013/12/09　がっつりスペアリブ

冬

手軽なのに息子には「恐ろしいほどうまい！」と絶賛されたスペアリブ。1時間もあれば出来上がります。そして、いつもの定番である明太子パスタ。息子は麺類の食いっぷりが半端ない。いつもの明太子パスタはバターですが、今回はスペアリブがヘビーなのでバターをチョッピリにして、65％オフのマヨネーズを使いました。

▶2013/12/22　自宅療養中

冬

入院前の朝ご飯。温かいにゅうめんです。私、しばらく入院しておりました。術後の経過が悪く、無味・無臭の病院食がどうしても食べられず……。結局、病院食は1度も食べることなく退院。
息子の面倒は友人が泊まり込みで見てくれていました。息子はしんどいときの私を見ていないので普通にLINEで「ママ～体調どう？ビール飲んでる～？」なんて温かい言葉に大笑いしました。彼のイメージでは腹をかっさばいたあと、カウンターでジョッキを傾ける私が浮かんだのでしょう……。今回の入院では、いろいろな人がいろいろな手助けをしてくれて非常に助かりました。本当にありがとう！

03:sobubu

▶ 2014/01/14　ラーメン食べる？　冬

本日仕事復帰しました。上司は「とりあえず慣らしということでいいよ」なんて言ってくれてはいましたが、仕事は山積み。今日は1,200件ほどたまったメールに目を通し……それだけで終了。うーん。どう考えてもがっつり働かないと間に合わん。てなわけで、たまにはラーメン。息子が愛する「菊水」の乾干しラーメンに煮卵とメンマ。仕上げにバター。にんじんとひね鶏、干ししいたけの炊き込みご飯。

▶ 2014/01/20　白菜と春雨のうま煮　冬

私の休職が終了し、今では息子もすっかりカギっ子に戻ったわけですが、1カ月半もの間、ずっと家に誰かいたため、カギっ子生活の寂しさを知った模様。私の帰る時間を聞いてきたり。そりゃ、学校から帰ってきたらお母さんが家にいるのがいいに決まってますよね。ま、次に病気でもしない限り無理ですが……。ってことで夕食。白菜のウマ煮。寒い日にピッタリの粕汁と、息子絶賛の鶏から揚げも。

▶ 2014/02/17

炙りチーズサーモン

❶❷❸❹コストコで買ったアトランティックサーモンで、久しぶりの炙りチーズサーモン。息子が喜ぶので一時期しょっちゅう作っていましたが、私が作り飽きてパタと遠ざかっていました。せっせと酢飯をにぎってサーモンを並べ、バーナーで炙る。この炙りの部分は息子にさせると、几帳面な彼は隅々まできれいに炙ります。私的には適当にチーズがとけりゃいいやん！と思うのですが……。❺鶏だんごとごぼうの汁。最近ちょこちょこ通っている鳥専門店で買ったミンチにごぼうは皮付きのまま使用。スープは鶏がらや手羽先、手羽元で取ったおいしいスープ。ごぼうを入れるとなぜか醤油ベースの汁にしたくなる……。醤油のおかげで汁は真っ黒！ でも、これがごぼうに合って非常にうまい！ 私は黒七味で。

1	2
3	4
5	

冬

▶ 2014/03/07

時短ギョウザ

ショッピングモールでヒラヒラの春らしいスカートが目に入った。まったく私の趣味ではなかったが、「ちょっとこれどう？」と自分にあてて、息子に聞いてみた。すると奴は露骨に嫌な顔をして「なんか不細工な女がキレイになろうとしてるみたいでキモチワルイわぁ！」。私自身、こんなヒラヒラスカートをはいている自分はあり得ないので思わず笑ってしまった。ただ「不細工な」という部分が少し気になるが……、ま、いいや。さて、「時短ギョウザ」ですが、皮を包む工程で時短をしました。普通にひとつひとつタネを皮にのせて包んでいると20分以上かかりますが、❶❷材料を混ぜたら皮をバーっと広げて、タネを次々と皮の上に並べます。で、一気に包みます。同じ作業は続けてしたほうが効率がいい！ ❸カリっと焼いたら出来上がり。今回は30分で餃子が作れたので、次回からはこの方法だな。❹野菜スープに炊き立てご飯。

1	2
3	4

春

▶ 2014/04/23

子持ち昆布の串カツ

息子が小さい頃は、休日となるとお弁当持参で大きな公園に行き、一日たっぷり遊んだものです。疲れることもあったけど、いろいろ行ってよかったな〜と思う。今は友達とゲームになって、もう一緒にピクニックなんて行ってくれないでしょうね。子供時代はあっという間だ。その貴重な時間を仕事と家事ばかりで終わらせたくないなと思います。なので、あともう少しがんばって一緒に遊ぼうと思う。さて、この日は串カツ。❶子持ち昆布は、串カツになったとたん、恐ろしくおいしくなる。❷息子が好きなこんにゃく、ウズラの卵、玉ねぎ、ピーマン、豚肉の切り落とし。カップに卵と小麦粉を水で溶かした液体と、おいしいパン屋さんの耳をフープロでパン粉にしたものを準備。息子は串をドボンとカップに付け、私がパン粉を付けて油へ「あちょ〜！」っと入れる。息子もまねして「あちょ〜！」❸❹。平日だけど息子と作りながら食べるご飯は結構楽しい。ちなみに準備は前日にしておいたので、7時25分に家について10分後に「いただきま〜す！」となりました。

春

04 ぷりんさん
pudding

夕食作り開始時間	夕食を食べ始める時間
だいたい5時〜5時半頃	7時〜7時半

食費について
予算はまったく決めていません

▶「Lovely place」 http://blog.livedoor.jp/puding_cat/

花や器が大好き。簡単でおいしいものも大好きです。

都内在住60代後半の主婦です。ガーデニングやインテリア、器、雑貨が大好き。娘の仕事を裏方でサポートしながら毎日の生活を楽しんでいます。

▶ 夕食献立のこだわり
こだわりは全然なし。食べたいものを作ります。野菜が大好きなのでいつも切らさないようにしています。冷蔵庫の野菜室はいつも満タン(笑)。

▶ 夕食の献立を決める方法
娘に何が食べたいか聞いたり、メモっているレシピノートから選んだりいろいろ。簡単でおいしいものが大好き!

▶ 2013/05/12 豚キムチ丼♪

春

一昨日の晩ご飯は豚キムチ丼。おいしいキムチを買ったときには、よく作ります。なんといっても簡単でおいしい! 豚肉、ニラ、キムチ、卵さえ用意しておけば調理時間は5分ぐらい。時間がないときのお助けメニューです(笑)。

▶ 2013/06/26 　おひとり様の晩ご飯♪　　　　　夏

一昨日のひとりご飯です。娘から教えてもらったゴーヤチャンプルーを作りました。娘はネットで調べたらしい。市販の調味料も味比べのため試してみましたが、ネットで教えてもらったたれで十分おいしいです。今回は少しウェイパーも加えてみました。おいしくできましたよ♪　あとはパンプキンスープ、玉ねぎサラダ。

▶ 2013/07/13 　ガラスの器で晩ご飯♪　　　　　夏

「新しい器を買ってもちっとも使わないね」といつも娘から言われるので、今回はさっさと使っています（笑）。昨日は酢豚。氷のツブツブのようなガラスプレートを使いました。奥田章氏のトクサ28cmプレートの上に重ねたらちょっと涼しげでしょ？　スタッフも「ワァ、夏らしいですね！」と。酢豚に似合うかどうかはさておき（笑）。おいしかったです♪　☆酢豚　しじみのお吸い物　お豆腐とバジルのサラダ　キムチ、きゅうりの浅漬け

04:pudding
059

▶ 2013/08/01 | とんかつみたいに見える、お豆腐のしそ巻き揚げ♪

夏

今日から娘は軽井沢です。今回は1カ月の長期滞在。ミニチュアダックスのキラを連れて行ったので、私も心置きなく出かけられます♪ アップしてなかった晩ご飯。とんかつみたいに見えるのは、お豆腐のしそ巻き揚げ。衣は削り節です。練り梅を塗ってから大葉で巻いて揚げてます。あとはなすの揚げびたしと、鶏砂肝のさっぱり煮。数時間煮汁にひたしておくと味がよく染みます。コリコリッとしてあと引くおいしさです♪

▶ 2013/09/17 | 娘が作ってくれるきのこのピザ♪

秋

夕べは娘に「いつものピザ作ってよ」とお願いしてピザを焼いてもらいました。マッシュルームとしいたけを1パックずつ。トリュフオイルで軽く炒めてから生地にのせます。甘口の自家製お醤油ドレッシングをふりかけ、ピザ用チーズをた〜っぷりのせて、焼き上げます。「はい、どうぞ！」と座っているだけで食べられる幸せ！(笑) 娘が好きなワイン「SANCERRE」も開けました。おいし——。うん、たまにはこんな夕食もいいな(笑)。

04:pudding
060

▶ 2013/09/24　鶏肉のハーブ焼きで晩ご飯♪

秋

今日は涼しかったのでベランダ仕事。秋蒔きのハーブ種の蒔き場所を確保しました。最近の晩ご飯です。鶏もも肉のローズマリー風味オーブン焼き。もも肉ににんにく、塩こしょうをたっぷりすり込んでオーブンウエアーに入れ、オリーブオイルを回しかけてローズマリーの葉を散らします。220度のオーブンで30分焼きました。☆鶏もも肉のローズマリー風味オーブン焼き　じゃがいもとにんじんのバターソテー　しめじとまいたけのトリュフオイル炒め　トマトと野菜のサラダ

▶ 2013/09/30　秋になったらやっぱりおでん♪

秋

涼しくなったら、なんだかおでんが食べたくなりませんか？　コンビニのおでんが1番売れる月も9月なんだとか。おでん材料を買っていたので、さっそく煮込むことに。いつもは牛すじだけど、手に入らなかったので鶏手羽元を使いました。さっぱりしておいしいだしが出ます。娘が「おでんにはやっぱり日本酒だよね〜」とオヤジみたいなことを言いながらお酒を用意（笑）。私も少しいただいちゃいました（笑）。この酒器は錫（すず）でできているんです。お酒が進みますね（笑）。

04:pudding
061

▶ 2013/10/01　えびの春巻き揚げで晩ご飯♪

秋

数日前の晩ご飯です。えびの春巻き揚げ。スイートチリソースでいただきます。外側はカリカリッとして中身はプリプリ。それと私の大好きな馬刺し。食べやすくて、低脂肪なところも嬉しい。あとはレンジなすのしょうが醤油。たことバジルのサラダ。ワインもちょこっと（笑）。

▶ 2013/10/02　鶏むね肉とマッシュルームの
　　　　　　　 ハーブホイル焼き♪

秋

鶏むね肉は大きな1枚を縦半分に切ってふたり分に。黒トリュフ塩をたっぷりまぶします。マッシュルームとタイムをのせます。上からオリーブオイルを回しかけ、アルミホイルの両端をキャンディのように閉じて220度のオーブンで20分焼きます。20分経ったら、一旦取り出して生クリームをたっぷりかけ、また閉じて1分焼きます。焼きたて熱々でいただきます♪
今日は黒トリュフ塩を使ったので、一段と香りがよくおいしかったです。

04:pudding
062

▶ 2013/11/22　簡単！ひとりの晩ご飯　　　　　　　　　　　　秋

うちの晩ご飯はいつも「簡単」という接頭語がつきます（笑）。今日も娘が打ち合わせの会食で出かけたのでひとりの晩ご飯でした。冷蔵庫には野菜がいろいろあったので、サッとできておいしいソース焼きそばを作ることに。麺はいつもちゃんぽん麺を冷凍しているので重宝します。豚肉、えび、キャベツ、玉ねぎ、にんじん、赤緑ピーマン、もやし、しいたけなどなど。あ、それに天かすや削り粉も入れます。

▶ 2013/11/24　チーズの豚肉巻きで晩ご飯♪　　　　　　　　秋

夕べは娘とふたりの晩ご飯でした。栗原はるみさんの大きなスクエアプレートで相変わらずのワンプレートディッシュ。洗い物は少なくて済むし、しょぼいおかずでもどうにか誤魔化せるし、やめられません(>_<)ヾ　進歩がないけどワンプレート、ほんとにお気に入りです。☆チーズの豚肉巻きフライ　えびフライ　イカゲソのから揚げ　アボカド、バジル、トマトのオリーブオイル和え　たこサラダ　トマトと野菜のサラダ

04:pudding
063

▶ 2013/12/26

我が家でクリスマスのお招きディナー♪

1	2
3	4
5	6

冬

クリスマスの日は娘のお友達も一緒に3人で楽しく過ごしました。テーブルコーディネートレッスンで教わった「チキンのベジロールきのこクリームソース」を作りましたよ！ポルチーニ茸（乾燥）もソースに使ってお客様にも大好評♪　と〜ってもおいしかったです。朝から煮込んでおいたビーフシチューはとろ〜り。お肉も柔らかくできました。それからお客様のときにはよく作る、ハーブと牛ひき肉のサモサ。クミンを入れたエスニックなお味で、ワインを飲みながらつまめるところもいいですね。久しぶりの赤ワインに、いただきものの高級なシャンパン。楽しいお話に花が咲き、素敵なクリスマスになりました。

04:pudding
064

▶ 2014/01/05 　炒飯でひとりご飯♪

冬

今日から娘はしばらく軽井沢です。ほんと、軽井沢が好きですねぇ。ひとりの晩ご飯は簡単に焼き豚炒飯。お正月用に作った焼き豚が少し残っていたのでそれを使いました。コーンポタージュとサラダを付けて。うちの今年の初仕事は10日から。それまでひとりご飯が続きます(^^)

▶ 2014/01/12 　今夜は煮物で晩ご飯♪

冬

やっぱり今日も寒かったけど昨日よりも少しマシだったかな。今週水曜日は最高気温が5度だそうですよ！ ひぇ〜！ 今夜のご飯は久しぶりに煮物。じっくり味が染みておいしかったです。あとはれんこんのきんぴら、黒豆。お豆腐とえのき、しいたけのお吸い物。ベランダ仕事もあるのですが寒くて延び延びに。早くしないと余計寒くなりそうです。明日はやるぞ〜！！

04:pudding
065

▶ 2014/01/28 　長崎ちゃんぽん♪ 冬

長崎ちゃんぽんを食べたくなって作ってみました。麺はお取り寄せしたものを冷凍しているのでいつでもすぐ間に合います。モチモチしておいしいんですよ。娘からは合格点をもらいましたが、本場の味には到底及びません。もう長い間、地元長崎のちゃんぽんを食していないので食べたいなぁ……。ほんとにほんとにおいしいんですよ。田舎に帰ったら何はともあれ、絶対に食べて帰ります(笑)。

▶ 2014/03/07 　簡単でおいしいタイカレー♪ 春

娘がアカデミー賞授賞式の会場に出かけたのでまたまたひとりご飯。最近すっかりタイカレーにはまっています。カレーペーストとココナッツミルクがあれば本格的なお味になります。ペーストを香りが出るまで炒めて鶏肉を加え、ココナッツミルクと水を入れて、コブミカンの葉、しめじ、ピーマン、パプリカ、なす、えびなどをさっと煮込むだけ。コブミカンも大きく育って、すごく役に立っています。植えててよかった(^^)。不思議とまたすぐに食べたくなるんですよね。

04:pudding
066

▶ 2014/04/11　｜ロールキャベツで晩ご飯♪　　　　　　　　　　　春

八百屋さんですごく大きなキャベツを見かけ、ロールキャベツを作りたくなりました。葉が大きいと、巻きやすいので上手にできるんですよ。コトコト2時間近く煮込んだ甲斐あって、キャベツがトロリと柔らかくすごくおいしくできました。スープが白いのは生クリームを回しかけています。香菜とイカのサラダはコリアンダー好きの娘がデパ地下で買ってきたもの。バゲットはオリーブオイルを付けて。おいしー！ 少しワインもいただきました。

▶ 2014/04/14　｜今夜は中華で晩ご飯♪　　　　　　　　　　　春

今日の夕食は大皿盛りの中華。麻婆なすと、もうひとつはたけのことしいたけの香味炒め。ドーンと中央に置いて、取り皿からいただきました。お昼にたくさん作ったまん丸コロッケも1個だけ揚げてみました（あとは冷凍庫へ）。スティックブロッコリーの素揚げとせん切りキャベツを添えて。今日は野菜がいっぱい摂れました♪ どれも多めに作ったので明日もまた食べま～す。アハ。

column
みんなのこだわりトーク

ご飯について

晩ご飯にはやっぱり「ご飯」。
こだわりを教えてもらいました。

norie 魚沼産コシヒカリを毎回土鍋で炊いています。(のりえさん)

noissyu 必ず炊き立て。基本は土鍋かガス釜で炊いてます。炊き込みご飯などはガス、白ご飯は土鍋が多いかな。2011年から使ってるのは長谷園さんの「かまどさん」です。(のいっしゅさん)

sobubu 毎日食べるものなので少々高くても「おいしいもの」が一番です。お米は、柔らかめで粘りけのあるのが好みなので、新潟の「ミルキークィーン」をネット通販で購入しています。(sobubuさん)

pudding 今、餅米の玄米にはまっています。それに十五穀米を混ぜて炊くのが大好きです。(ぷりんさん)

ogawa hiroko いつもストウブでその都度食べる量を炊いています。体にも見た目にもいいので、黒米や赤米などを一緒に炊き込むようにしています。(おがわひろこさん)

linden そのときの気分で、無洗米・白米・玄米・五穀ご飯のいずれかになります。(リンデンさん)

kermit ブランド米を購入しています。(ただ、年に1回義実家から新米が送られてくるのですが、これが一番おいしくてお気に入りです)(kermitさん)

ayako 「コシヒカリ」や「ゆめぴりか」「ミルキークィーン」などを玄米2合・白米1合で炊いています。玄米は6時間以上水に浸しています。(あやこさん)

asuka なるべく21穀米などの雑穀米を入れて炊くようにしています。(あすかさん)

chie 「ゆめぴりか」を購入しています。もちもちしていて甘いところが私の好み。冷めてもおいしく、食べるのが遅くて温め直しが多い子供たちもよく食べてくれます。ずっとリピートしています。(ちえさん)

mischa 固めのご飯が好きなのでパッケージの手順の水分を1〜2割減らして直火で炊きます。(Mischaさん)

column
みんなのこだわりトーク

みそ汁について

みそ汁といえば、やはり生まれ故郷の味が大きく影響してくるものです。

norie 好みの赤みそと白みそを自分で合わせています。（のりえさん）

noissyu 最近のお気に入りのおみそは兵庫県のあさぎりみそ。スーパーなどには置いてないので送ってもらっています。（のいっしゅさん）

sobubu 子供の頃から大好きなこうじみそです（日本海味噌醤油株式会社）。だしはかつおと昆布が一番ですが、コストがかかるのでアミノ酸等の添加物が少ない液体だしを使っています。市販の粉末だしは使用しないのがこだわりです。（sobubuさん）

pudding 必ず故郷長崎のおみそを今でも取り寄せて使っています（ちなみにおしょうゆも）。九州の甘い味に慣れ親しんでいるのでなかなか替えられません。（ぷりんさん）

ogawa hiroko ほとんど毎日作っています。おみそ汁も一品と考え、なるべく具たくさんにしています。（おがわひろこさん）

kermit おだしは混合削り節を使ってとるようにしています。おみそは基本信州みそですが、具によっては赤だしにします。（kermitさん）

ayako だしは昆布＋いりこでとるか「茅乃舎（かやのや）だし」。みそは信州の「味噌蔵たかむら」の「田毎」「棚田」を取り寄せています。塩分を控えめにする代わりにおいしいだしで具だくさんを心がけています。（あやこさん）

asuka 旦那が具だくさんみそ汁が好きなので、家事や子守りをがんばってくれたときは感謝の意味を込めて具材を多くするようにしています。（あすかさん）

chie みそ汁は夜ご飯に出すことがあまりないです。大人はお酒を飲むし、何より子供たちが嫌いで。困ってます。（ちえさん）

mischa おみそ汁は定番の豆腐、玉ねぎにわかめが一番好きですが、アメリカにあるスカッシュという、かぼちゃに似た甘い野菜を入れるのも好きです。（Mischaさん）

column

05 おがわひろこさん
ogawahiroko

夕食作り開始時間
朝に下準備。ほかは5時すぎから

夕食を食べ始める時間
だいたい7時前

食費について
1食の予算は1,000円ほど。

「ranmama-kitchen**」 http://ranmagohan.exblog.jp/

普通の食材で簡単&時短。だけど見栄えよく♪

どこにもある食材で、簡単かつ時短でできるシンプルな朝ご飯やレシピを提案しています。基本の"さしすせそ"を使った料理や残り物をうまく組み合わせて、おいしそうと感じてもらえるような盛り付けした朝ご飯を中心に、家族のお弁当や簡単な一品などを日記と写真とともに綴っています。

▶ **夕食献立のこだわり**
買い物に行った日にはなるべく新鮮な魚料理。おかずは朝食や旦那さんのお弁当にも入れることのできるものを。

▶ **夕食の献立を決める方法**
1週間に2度ほど買い物に行き、そこで必ず使う野菜やお肉類を買い、その日その日の献立を考えています。

▶ 2012/06/18 【夏】
お稲荷さんで夕ご飯
豪華に見えるお稲荷さんで夕ご飯。実は、給料日前なので、金欠です。そんなときに限って、子供達がいっぺんに集金袋を届けてくれました（涙）。あと何日かなので、なんとか冷蔵庫にあるものでがんばろうと思います（笑）。って、油揚げだけ買って、あとは買い置きの野菜でお稲荷さん。あら不思議〜！ 錦糸卵をのっけるだけで、豪華に見えません!?

▶ 2012/07/07 【夏】
豚バラカツで夕ご飯
暑いけど揚げ物。しかも、豚バラという脂ギトギトの揚げ物ですけど、豚バラブロックが安かったので！ カリッとジュワ〜ッって、おいしかったー。でも、やっぱり脂がね……。最後の一切れはもうおかわりないん？ ってしつこかった息子（9歳）へ。この脂がたまらないみたい。今度これ作るときは、もっと多めにしてなーって。何個でも食べられるってさすが若いね！（笑）

▶ 2012/07/13

えびマヨで夕ご飯 夏

久しぶりにえびマヨ。えびは大好きなんですけど、どうしても下処理が好きになれません。臭いとわかっているのに、何度も手をクンクンしてしまう(笑)。下処理が終わってしまえばこっちのもんです。やっぱりおいしかったー。がんばってよかったー♪　厚揚げの煮物、地味なおかずですが、実はおしゃれなストウブで作りました。ストウブで作ると短時間で、ほどよいどこか懐かしいおかずに(笑)。

▶ 2012/07/25

肉団子の甘酢バージョン 夏

肉団子を甘酢バージョンでさっぱりいただきました♪　肉団子が甘酢なので、ご飯もチラシ寿司(笑)。でも、チラシ寿司をえ～！　なんて言う子もいないんで、喜ばれました。そしてひじきの煮物に枝豆。統一感まったくないおかずの数々ですが……。きゅうりはいつも作る中華風の漬け物に。新しょうがの甘酢漬けは常備菜に作っておくと便利です。さー、今夜は何作ろう……。

▶ 2012/09/16

トロトロ豚バラチャーシュー 秋

トロトロ豚バラチャーシューはトロトロでと～ってもおいしかった。豚バラは一晩塩麹に漬けておきました。煮込みはもちろんストウブで♪　ラーメンあったら、のっけたかったな(笑)。他のおかずはあっさりと……セロリとパプリカは、甘酢とローリエをジップロックに入れてモミモミ。そのまま冷蔵庫に入れて寝かせておきました。この組み合わせ、結構クセになりますよ～。

▶ 2012/09/29

山形のだし 秋

山形のだし、ご存じですか？　なす、きゅうり、オクラ、みょうが、大葉などを刻んで混ぜた、山形県の郷土料理です。ご飯にのせたり冷奴にのせたりして食べると、もうね、ネバネバ好き、薬味好きにはたまらないよ。私、白ご飯大好きでしょ？←知らんって(笑)。おかずあるのに、初めからのっけちゃいました！　明日の朝は、納豆も混ぜ混ぜして食べる予定♪　こんな時間なのに(23時)、明日の朝ご飯のこと考えてモンモンとしてます(笑)。

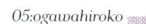

05:ogawahiroko

▶ 2012/10/03
えびフライでお誕生日おめでとう♪ 秋

10月2日は息子の誕生日でした。特別えびフライが好きってわけじゃないですけど、揚げ物だったら何でもやった〜！息子(笑)。前日ヒレカツだったけど、また揚げ物。今も甘えん坊な息子ですけど、もう10歳か……あっという間だったな……。まだまだ幼いような気がしますが、何年後には私のことを煙たがり、うるせーっとか言ってくるようになるんでしょうか。ツルンツルンの顔にもヒゲなんて生えてきちゃったり……いやだぁ〜。

▶ 2012/11/09
ロールキャベツ 秋

和か洋かわかりません(笑)。ロールキャベツ、かぶの酢の物、おからのマヨサラダです。ある材料で適当に思いついたものを作るとこうなります……。ロールキャベツはストウブで♪　おっきなキャベツ1個分、塩分は塩麹で。キャベツがあま〜くなって、おいしかった〜♪　おからのマヨサラダには、きゅうりとにんじんとウインナーたっぷり。これが結構腹を膨らますんですよ。育ちざかりのお子さんがいる方はぜひ(笑)。

▶ 2012/11/10
手羽元の甘酢煮 秋

鶏料理が多い我が家ですが、またまた手羽元の甘酢煮を作りました(笑)　絶対失敗しないから好きです。旦那さんからも、おっ！　得意なやつやなぁって毎回言われますけど、そうよ。私の十八番よ(笑)。お肉もホロホロ〜って取れるしね。やっぱりおいしかった〜♪　そして、じゃがいもをたくさんいただいたので、失敗なしのポテトサラダ。この日の夕ご飯安定してるわ〜。

▶ 2012/11/14
麻婆なす 秋

麻婆なす。っていうか、麻婆なす風!?　いつものいい加減な目分量で、とりあえず中華っぽくコチュジャンとか豆板醬とか入れちゃってます(笑)。なすが少なめだったので、ピーマンも一緒にたくさん入れてみました♪　なすってうまいよね〜♪　子供達はお決まりのように、ご飯にのせて勝手に麻婆なす丼にして食べてましたよ。さすが、我が子達！　飯好きに育ってくれました(笑)。あとは、春雨サラダと、かぶの酢の物とおみそ汁でした。

▶ 2012/11/15

鶏のささみの塩麹ピカタ　秋

寒くなってきたので、簡単に作れるおかず、鶏のささみの塩麹ピカタでございます♪　塩麹とごま油に漬けておき、あとは小麦粉と卵を付けて焼くだけ！　ささみは安くてしかもヘルシ〜。サラダの隣にあるピーマンの梅しそ和えがなぜかヒットでした（笑）。せん切りしたピーマンを塩もみし、梅しそとごまとおかかで和えただけなんですけど。簡単だからまた作っちゃお〜。そして、スープも簡単な白菜とえのきのコンソメスープです。

▶ 2012/11/17

さつまいも黒豆ご飯とイロイロ　秋

さつまいも黒豆ご飯、豚汁、マジックソルトチキンソテー、かぼちゃの煮物です。さつまいもが家にあったことを忘れ、また買ってしまいました。そこで、大量消費したくって急きょ、さつまいも黒豆ご飯デス♪　さつまいもが甘くって、これ最高♪　夜にご飯は一杯って決めてますが、飲み込むように食べてしまい、おかわり〜。いいよね？たまには（←自分には甘い。笑）　野菜モリモリ入れて豚汁も。野菜のうまみたっぷりでした。

▶ 2012/12/02

ねぎ盛りカレー　冬

白ねぎ盛りのこれ……カレーです（笑）。じゃがいももにんじんも玉ねぎも、もちろんたっぷりのごくごく普通のカレーなんですけど（笑）　カレーに白ねぎを入れるとおいしいって知ってます!?　煮込んだ白ねぎって甘くておいしいでしょ〜。カレーに白ねぎも絶対アリです。オススメです！

▶ 2012/12/4

湯豆腐で温まりましょ♪　冬

そんなに豆腐好きではなかったのですが、年のせいでしょうか!?　無性に湯豆腐が食べたくなる今日この頃。アツアツの湯豆腐をふぅ〜ふぅ〜しながら、家族みんなでおいしいね〜っと食べる時間、とても幸せです。異常なほどに豆腐が大好きな旦那様は、湯豆腐食べながらこれまた異常なほどにテンションが上がってました（笑）。この土鍋、ニトリで399円。これで今度はひとりずつ鍋焼きうどんとかもいいかな〜なんて想像中。

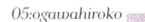

05:ogawahiroko

▶ 2012/12/08

おこたでシチュー　冬

寒い日は、おこたであったかシチュー♪　なんかCMの一コマみたい（笑）　これでもかっ!!ってほど、具たくさんシチューです。じゃがいも、にんじん、玉ねぎ、かぼちゃ、白菜、しめじ、豚肉、ほうれん草。ちょっとだけれんこん。最初はお野菜丸見えだったのに少し煮込んでふた開けたら水分ダクダク。お野菜さん達、どこにあんだけの水分隠してんのよって話よね？（笑）　明日の朝は、これとつけパンで決～まり！

▶ 2012/12/10

佐渡産コシヒカリで"鶏飯"　冬

新米の季節ですね～。米好き米食いな私にはたまんないね。佐渡産コシヒカリをいただいたので、大好きな鶏飯でいざ勝負（笑）。ひと口食べて、いつもあまりお米のおいしさをわからず食べてる私でもちょっと衝撃が走ったんですけど……。もっちもちで香りもグー♪　少し甘めの鶏飯がさらに甘さを増して、おいしい！　今回、やっぱりお米の味って大事だなぁーってつくづく感じました。

▶ 2012/12/15

煮豚＆飴色大根♪　冬

煮豚を作ってみました♪　ちょうどたくさんいただいていた大根も一緒に……おいしすぎる……。豚バラブロックひとつじゃ我が家には足りないわ（笑）。めっちゃくちゃおいしくって～大根でご飯がススムススム（笑）。最近、クックパッドのほうにレシピを載せましたのでよかったらこちらを参考に作ってみてください！「照り照りスペアリブ by ranranママ」　絶対、損はさせません（笑）。

▶ 2013/03/03

から揚げ定食　春

いつかの夕ご飯です。から揚げ　大豆の五目煮　豆腐と油揚げのおみそ汁　ゆでたブロッコリー　白菜のお漬け物　最近、気に入っている「フンドーキンのから揚げの素」に漬け込んでカラッと揚げたから揚げでーす♪　カラッと揚がるし、しっかり味がついてておいしいのよね～。それから大豆の五目煮。味の染みた大根やしいたけが特に好きかなー。母譲りで大量に作ってしまうので、作り終わってあー、また作りすぎたって後悔。

05:ogawahiroko

▶ 2013/03/16

我が家の定番ストウブでスペアリブ　春

ストウブでスペアリブ。この日は軟骨で。安かったんですね。私はお酒をまったく飲めないので、片手にご飯でガッツガツ食べます。この味付け、ご飯が進むんだよね。ビールにも合うらしいです。呑兵衛の旦那が言ってました。見た目ちょっとギトギトしてるように見えますけど、ギトギトではなく照り照り(笑)。おつまみにもおかずにもオススメでーす。

▶ 2013/03/24

野菜の素揚げ付きドライカレー　春

ドライカレー。いつもは目玉焼きくらいしかのっけないんですけど、今回は野菜素揚げのせのせパーティ♪　素揚げのかぼちゃとなすとれんこんは、どれもドライカレーと一緒に食べるとめちゃめちゃ合いますが、中でもなすはナンバーワンだったよー。無駄に油吸ってないよね。素揚げってバッチバチに油が飛び散るから嫌なんだけど……。でもこんなにドライカレーに合うなら、また揚げよ♪

▶ 2013/07/07 ｜ 冷しゃぶ。キムチのパンチ入り!!　夏

毎日のムシムシMaxに、全然ご飯作る気にならないの(笑)。でも、専業主婦の私がご飯も作らないんだったら1日何して過ごすのって話よね(笑)。今日も暑かったけど、冷しゃぶにしようって決めてからはノリノリ。キャベツと紫キャベツ、トトンのト～ンって刻んだら、豚肉しゃぶしゃぶして用意は完璧!　キムチもガツンとのせて、ゆでておいたオクラも添えて、大好きな大葉も刻んで。子供達も冷しゃぶ見て、やったー♪ですよ。

05:ogawahiroko
075

▶ 2013/07/24　ゴーヤの佃煮　　　　　　　　　　　　夏

ゴーヤがやっぱり今年も豊作で。喜ばないといけないんですけど、苦手なんで(笑)。ところがこれを佃煮にしてしまうとあら不思議♪ おいしーい！ 冷えてもおいしいし、ふりかけ風にぶっかけてもらっても。薄切りゴーヤを、醤油とみりん、酒、酢、砂糖で煮て、ちりめんとかつお節を入れ、水分がなくなるまで煮るだけですけど、とってもおいしいです♪ 暑い夏、ゴーヤ食べて元気100倍でがんばりましょー。

▶ 2013/09/16
大学芋　　　　　　　　秋

ウチの大学芋は、飴状じゃなくて砂糖シャリシャリ系。レシピはクックパッドの「ウチの定番・大学芋。by∴nico」。何度食べてもやっぱりおいしいなぁ〜♪ 飴状の大学芋って食べるの得意だけど、作るの苦手なんで(笑)。ウチは、夕ご飯のおかずとして大学芋が出ます！ 子供達が私のさつまいも好きDNAをしっかり受け継いでくれてるんで、さつまいも料理があると大喜び。旦那さんは……文句は言わないけど、手は付けません(笑)。

▶ 2013/09/26
毎度な常備菜イロイロ　　　秋

レシピを見なくてもチャチャッとできてしまう常備菜作りは、意外と好きなんだよね。簡単なものばかりなんですぐ作れちゃうし。だけど、こういうのが一番安心します。オクラのごま和えと、さつまいものレモン煮ではなく、さつまいものカボスハニー♪ 大分県民なんでね、レモンよりカボスでしょ？ ってゆーか、カボスが10個で100円とかで買えるんで(笑)。実は今週すでに2度目(笑)。

▶ 2013/11/22　お野菜だらけの夕ご飯

秋

夕ご飯は、野菜・野菜・野菜。だけど、なぜか大満足な夕ご飯でした。れんこんバーグには、豆腐・すりおろしたれんこん・刻んだれんこん入りー。ふわふわもちもちカリカリ。口の中忙しいね(笑)。カボス、ギューッと絞ってさらにポン酢をかけてさっぱりいただきました♪　そしてお野菜だらけの根菜スープ。ごぼう・れんこん・にんじん・かぼちゃ・ベーコン入り。あごを使うスープ(笑)。つい多めに作ってしまい、食べ切るのに2日半かかってしまいました……(笑)。

▶ 2013/12/27　Christmas party

冬

今年も旦那さん出張中のため、私と子供達×3でパーティしました♪　ありきたりな子供だましメニューずらり(笑)。こんなんで喜んでくれるのいつまでだろ……。子供達大きくならなかったらいいのにな(笑)。まずはやっぱりチキン。カラッと揚がってとりあえずホッ。そして、ベーコンピザ。卵サンドとベーコンサンドとジャムサンドは、なぜか一番人気でした。グラタンは白ねぎをたっぷり入れていたので、甘くておいしいグラタンでした。最後は、ケーキ。サンタさんの顔のチーズケーキともうひとつはイチゴのケーキでした。料理を食べてから休む暇なくケーキ2個をみんなでペロリ……。まだまだ食べられる〜って余裕の長女がたくましく思えた2013年のクリスマス。来年はもう少しおしゃれな料理を作れる大人になりますように……(笑)。

05:ogawahiroko

06 リンデンさん
linden

夕食作り開始時間
7時くらい

夕食を食べ始める時間
7時半から8時くらい

食費について
1カ月15,000円の予算を設定しています。

▶ 「ひとり亭」 http://hitoritei.blog.fc2.com/

ひとり暮らしなので一汁二菜で合格にしています。

横浜市でひとり暮らしをしている30代会社員です。26歳のときに1Kミニキッチン付き賃貸マンションでひとり暮らしを始めましたが、やっぱりもう少し充実した広いキッチンがいい！と思い、30歳で現在の1LDK2口コンロ付き賃貸マンションに引っ越しました。普通の事務職なのでお給料は多くないのですが、「たまに贅沢できる」程度で、普段は質素な生活に満足しています。

▶ **夕食献立のこだわり**
一汁二菜を心がけ、なるべく栄養が偏らないように気を付けています。ひとり暮らしで一汁三菜きっちり作るのは手間がかかるので、二菜あれば合格ということにしました。

▶ **夕食の献立を決める方法**
週一度買い出しをして、作るときには冷蔵庫にある食材から献立を決めます。

▶ 2013/06/02 | 鶏キムチ定食　　　　　　　　　夏

鶏キムチ　じゃがいものシャキシャキ炒め　オクラとトマトのおかか和え　小松菜と卵とねぎのスープ　白米　緑茶
今日はお腹がすいていたので、早めの時間にいつもよりたくさん作りました。鶏キムチは、鶏むね肉を削ぎ切りにして小麦粉をまぶして焼いています。じゃがいものシャキシャキ炒めは、ウーウェンさんのレシピです。酢を入れて炒めているのですが、そうするとなぜかシャキシャキになるようです。

▶ 2013/06/11
鶏肉ねぎマスタードソテー定食 夏

鶏肉とねぎのマスタードソテーは、『ひとり分の楽しいレシピ』という本から。この本は8年ほど前、ひとり暮らしを始めるときに準備した本です。食材を余らせないレシピが実用的で、ほとんどのレシピを作り、熟読していました。当時は1口ガスコンロのミニキッチン。これから始まる新しい生活に対するわくわくした気持ちを思い出しました。

▶ 2013/06/16
鮭のちゃんちゃん焼き定食 夏

ご飯が進むおかずなのですが、ご飯少な目にしました。社会人になってから10kg近く太ってしまったので、ダイエットしなくてはさすがにまずいです。そのくせバターをのせていますが。おしゃれにあまり興味がないのですが、ちゃんと美容に気を付けて、お金も使えばもうちょっとキレイになれるかなぁ。とりあえず、昨日は美容院に行きました。

▶ 2013/07/09
豚と野菜の蒸し鍋定食 夏

蒸し鍋(豚肉、キャベツ、ズッキーニ、小ねぎ)　トマト　とろろ汁(みょうが入り)　玄米と納豆　緑茶(知覧　ゆたかみどり)
ろくな食事を摂っていなかったので、今日は楽にできて野菜もたくさん食べられる蒸し鍋にしました。ゆずポンをかけましたが、洋風にすればよかったと後から思いました。アンチョビ風味とか。

▶ 2013/07/16
豚もも肉の豆板醤ソテー定食 夏

今日はご飯と汁の位置が逆でした。豚もも肉の豆板醤ソテーはうまい具合の辛さにできました。豚肉がのっているお皿は、IKEAの365＋サイドプレート(18cm×18cm)。家に人を招いたときの取り皿として計10枚持っています。このごろ全然人を家に招いていないのですが、おもてなし料理をもっと勉強してまた行いたいところです。

06:linden

▶ 2013/08/18 焼鮭定食 夏

焼鮭　小松菜のおひたし　卵豆腐
みそ汁（じゃがいも、玉ねぎ、わ
かめ）　白米　茉莉花茶
すごく久しぶりに自炊をしたため、
メインは焼くだけというリハビリ
調理です。なぜ自炊をしていなかっ
たかというと、暑くてやる気がな
かったためです……。

▶ 2013/08/24 卵粥 夏

卵粥　水　風邪を引いてしまい、
病人食です。鶏がらスープと酒と
塩で味付けしています。休日がもっ
たいないですが、今日はほとんど
寝て過ごしていました。昨日同じ
年の男性上司と仕事をしたのです
が、同い年なのに仕事ができ、自
分の能力のなさに危機感を感じて
しまいました……。もう少し資格
も取得して仕事をがんばろうと思
いました。

06:linden

▶ 2013/08/25
肉じゃが 夏

肉じゃが　レタス　白米　水
まだ風邪が治らずあまり食べたい気分ではなかったので、肉じゃがしか作りませんでした。声が全然出ないのですが、明日仕事どうしよう。

▶ 2013/08/29
豚キャベツ卵炒め定食 夏

豚キャベツ卵炒め　ミニトマト（アイコ）　みそ汁（玉ねぎ）　納豆ご飯　水出し紅茶
病み上がりで久々に出勤したら、仕事はたまっているし他の人に迷惑はかけるしミスは見つかるしで散々でした。なのでもう、今日の料理は超速で終了です。

▶ 2013/09/01
ゴーヤチャンプルー定食 秋

ゴーヤチャンプルー　ミニトマト（アイコ）　モロヘイヤスープ　白米　オレンジジュース
モロヘイヤスープはモロヘイヤをみじん切りにし、鶏がらスープとにんにくとベーコンと塩こしょうで味付けしました。

▶ 2013/09/09
豚肉とみょうがの炒め物定食 秋

みょうがをいただいたので早速使いました。豚肉に小麦粉をまぶして焼き、みょうがを入れて炒め、醤油と酒とみりんで味付けしました。ところで異動してから仕事がわからなくて大変です。今日も残業で、一汁を作る余裕がありませんでした。このままだと年だけとって使えない人になりそうなので、これからは家で勉強することにします。

06:linden
081

▶ 2013/11/27

えのき豚肉ロール定食 秋

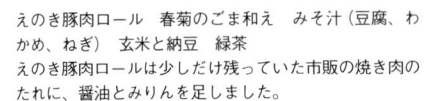

えのき豚肉ロール　春菊のごま和え　みそ汁（豆腐、わかめ、ねぎ）　玄米と納豆　緑茶
えのき豚肉ロールは少しだけ残っていた市販の焼き肉のたれに、醤油とみりんを足しました。

▶ 2013/12/01

海鮮鍋定食 冬

海鮮鍋　ゆず大根　玄米ひじきご飯　緑茶
海鮮鍋は大きい鍋で作ったので、取り分けてしまいました。明日の昼食にはサーモスのフードコンテナーに入れて持っていく予定です。ゆず大根はクックパッドのレシピからです。市販のものよりおいしい。

▶ 2013/12/09

豚とピーマンのみそ炒め定食 冬

豚とピーマンのみそ炒め　セロリの甘酢漬け　みそ汁（大根、油揚げ）　玄米　野菜生活（ラ・フランスミックス）
セロリは市販の甘酢漬の素を使用しました。みそ汁の大根は今まで繊維に沿って切っていたのですが、今日は繊維を切ってみました。こちらのほうがいいみたいです。

▶ 2013/12/15

豚の塩だれ炒め定食 冬

豚の塩だれ炒めは、豚肉とピーラーで切ったにんじんと細切りのピーマンをごま油で炒め、鶏がらスープと塩と酒で味付けをして、水溶き片栗粉で水分を固めました。みそマヨネーズはみそとマヨネーズを混ぜただけです。今日は単純料理ですが、全体的に味付けがうまく行き満足です。

▶ 2014/01/10

豚ひき肉とキャベツの
ごま炒飯定食

冬

豚ひき肉とキャベツのごま炒飯はネットで見つけたレシピを参考にしました。炒飯に豚ひき肉を使ったことがなかったのですが、早くできておいしかったのでまた作ります。夕食のメニューはだいたい、帰りの電車でぼーっと考えます。今週は長期休暇明けで疲れてしまったので、明日からの3連休はだらだらしたいと思います。

▶ 2014/01/12

豚ロースの塩麹漬定食

冬

豚ロースの塩麹漬ときのこのソテー　コールスロー　トマト　みそ汁(里芋、油揚げ、ねぎ)　雑穀米　緑茶
豚ロース塩麹漬は元から漬けてあったものです。来週は仕事が忙しい予定なので、作り置きのおかずを用意しておかなくてはなりません。

▶ 2014/01/19

Cafe&Meal MUJI風定食

冬

牛肉と玉ねぎのマリネ　エリンギと2色ピーマンの焼きびたし　かぼちゃサラダ　コンソメスープ　雑穀米　緑茶
かぼちゃサラダはクリームチーズとマヨネーズで味付けしただけです。そのほか2品は『作り置きサラダ』という本から。『Cafe&Meal MUJI』というのは無印良品のカフェです。そのセットの盛り付けをまねしました。

▶ 2014/1/20

鮭の香草パン粉焼き定食

冬

鮭の香草パン粉焼きは、鮭に酒、強めの塩こしょうをし、パン粉とパセリみじん切りとパルメザンチーズを混ぜたものをかけ、オリーブオイルを上からふってオーブンで20分くらい焼きました。パン粉が多くてよくわからない写真になってしまいました。焼く前の鮭ににんにくを塗ってもいいかも。納豆が食べたくて変な献立になりました。

06:linden
083

▶ 2014/02/25 │ 砂肝炒め定食

冬

砂肝炒め　里芋の和風サラダ　キャベツの甘酢漬けとミニトマト　かぼちゃサラダ　みそ汁（玉ねぎ）納豆ご飯　ほうじ茶
里芋の和風サラダは『作り置きサラダ』のレシピです。すごくおいしくて、作ったのは2回目になります。この丸いお盆はのせられるお皿の数が限られるので、量が少ないかなーと思いながらちまちま盛り付けるのですが、食べ終わってみるとかなりお腹いっぱいです。もっと少なくていいようです。

▶ 2014/02/26 │ ぶり照り焼き定食

冬

ぶり照り焼きとれんこん　キャベツの甘酢漬け（昨日の残り）　菜の花のおひたし　みそ汁（昨日の残りに小ねぎ追加）　白米　ほうじ茶
ぶりと一緒に冷凍庫の隅にあったれんこんも照り焼きにしました。わさびをのせると少し上品な味になります。おみそ汁の具が玉ねぎだけで寂しかったので、彩りに小ねぎを追加してみました。ねぎづくしです。

06:linden
084

▶ 2014/3/15

牛肉とクレソンの
混ぜ寿司定食

春

牛肉とクレソンの混ぜ寿司は実家で好きなメニューなのですが、自分では初めて作りました。酢飯に甘辛く煮た牛肉とクレソンを混ぜ、白ごまをふっただけです。酢飯の酢は、レモン汁（大きいレモン半分）、砂糖大1、塩小1/2で、ご飯は1.5合をだし昆布を入れて炊きました。レモンの代わりに米酢でもいいかも？

▶ 2014/03/17

甘塩鮭とかぶの
バタースープ煮定食

春

甘塩鮭をスープ煮にしてみました。鶏がらスープでかぶを煮て、切った鮭を入れて、火を止めてから醤油少しとバターを溶かしました。思いつきでつくりましたが、これはなかなかいい出来でした。ご飯にのせているのはふきのとうみそです。初めて作って初めて食べましたが、いい香りでご飯が何杯も食べられてしまいます。作ってよかった。

▶ 2014/04/06

鶏むね肉の南蛮漬け定食

春

今日は買い物ついでにケーキセットを食べてしまったのでご飯はなしです。南蛮漬けは鶏むね肉を削ぎ切りにして、塩こしょう、小麦粉をまぶして揚げ焼きにし、玉ねぎとピーマンの薄切りをのせて、上から熱い南蛮酢をかけました。南蛮酢は、だし汁・酢・醤油が各大4、みりん・砂糖が各大1、とうがらし少々をひと煮立ち。他の肉でも魚でも全部これで作っています。

▶ 2014/04/13

じゃがいものニョッキ

春

今日はこれしか作りませんでした。ニョッキはたくさん丸めるのがめんどくさく、特大サイズになってしまいました。ソースは昨日のスープの残りを煮詰め、パルメザンチーズをかけました。平日の朝食・夕食は自宅でひとり、昼食も席でひとりお弁当を食べているのですが、最近の休日はカフェに行くことが多いです。しかし、いつでもひとり行動が多すぎます。

06:linden

▶ 2014/05/06 ｜ 鶏むね肉のオイスターマヨネーズ定食　　春

連休で1週間のスープダイエットをしました。決められた材料鍋いっぱいに対して、チキンスープ1個しか入れないので味が薄くてまずかったです。効果はほとんどなかったなー。運動をまったくしなかったから当然ですね。しかしこれをやってよくわかったことがあります。「おいしくないものを作るのは精神的に苦痛」「食べることが好き」「食べるならばおいしいと思うものを食べたい」ということ。身体的なダイエット効果よりも、メンタル面で効果がありました。これからはただお腹を満たせばよいというのではなく、選択して大切に食べていこうと思います。今、普通のご飯がすごくおいしく感じます。

▶ 2014/05/08 ｜ 赤魚の粕漬け定食　　春

粕漬けは表面が焦げてしまいました。中の焼き具合はちょうどよかったのですが。サラダと汁物は昨日、今日の朝食用に分けておいたのですが、寝坊したために夕食に回りました。最近は朝食用とお弁当用を夕食時にすでに詰めておき、冷蔵庫に入れています。今日はほとんど残り物で済ませて料理をしていないので、明日の朝食は納豆ご飯、ヨーグルト、トマト、お弁当は赤魚の粕漬け、青梗菜のかつお節和え、卵焼き（今から作る）の予定です。ご飯のみ朝解凍して詰めます。夕食は一応はちゃんと作るようにしていますが、他は結構適当です。

▶ My Favorite │ ## 使っている包丁

冬

使っている包丁をご紹介します。「グレステン 三徳 816TMM」数年前に母からもらったものです。包丁はこれしか持っていません。ひとり暮らしをしたばかりのころは、結婚式の引き出物のカタログギフトで選んだ包丁を使っていましたが、まったく切れ味が違います。片側の凸凹で食材がくっつかないし、ハンドル一体型なので衛生的です。とても気に入っています。

▶ My Favorite │ ## 観葉植物とパセリと三つ葉

冬

右の3つは普通の観葉植物ですが、左2つはパセリと三つ葉の根っこです。IKEAの鉢カバーに水を入れて挿しています。三つ葉は少し葉が出てきました。うまくいけば収穫できそう。パセリは再生できないのですが、冷蔵庫だと邪魔だしすぐ枯れるので、このように保存しています。夏場は持たないので冷凍します。

▶ My Favorite │ ## お米の収納

夏

お米はプラスチックの果実酒用容器に入れて保存しています。袋から移し替えるときも使うときも楽なのでオススメです。3kgだとぴったりサイズでした。本当は冷蔵庫保存がいいのですが、スペースがないので常温保存です。

06:linden

▶ My Favorite

キッチン

今日はキッチンの写真を載せてみます。ひとり暮らしの方の参考になれば……。❶古い1LDKの賃貸マンションで、2口ガスコンロ・魚焼きグリルつきです。フライパンがかかっている吸盤フック、吸盤ふきん掛けは自分で取り付けました。吊り下げラックも昔無印良品で購入したものです。食器かごを置くスペースがないので、下にスポンジワイプを敷いて洗った食器を置いています。青いふきんもスポンジワイプです。もうこれ以外使えません。吊り下げラックから下がっているのは、野菜くずなどを捨てる三角コーナー代わりに使っている便利なものです。調理後はすぐゴミ箱へ捨て、食器を同じように洗って干しておきます。上の棚にはタッパーとほうろう容器、ラップやごみ袋などが入っています。真ん中の引き出しはカトラリー、ガス台下には鍋やボウルと、醤油・サラダ油・オリーブオイル・ごま油を置いています。シンク下には製菓用の型や災害用の水などが入っていますが、がら空きです。

❷137Lの冷蔵庫と、ひとり暮らしにしては大きいオーブンレンジ（ビストロ）です。

❸左側のカウンター。布がかかっているのは3合用炊飯器とフードプロセッサー（クイジナートリトルプロプラス）です。このフードプロセッサーはパン生地もこねられるものなのですが、あまり使っていません。あと、よく使う砂糖・塩・こしょうを置いています。じゃがいも・玉ねぎ・にんにくもここ。

春

❹冷蔵室（94L）です。上段と扉はほぼ調味料で埋まってしまいます。中段はみそ・梅干し・納豆・豆腐などレギュラーのものを置いています。黄色いのは夜に作ってしまっておく、お弁当のおかずケース。お弁当箱はご飯ケースと別々のほうが、詰めるのも作るのも楽できると思います。下段は空いていますが、冷凍室と同じように夕食の残りや作り置きのためのスペースを確保しています。買い物に行った日は野菜室に野菜が入りきらず、下段にしまうことも多いです。
❺カウンターの引き出しです。右には個包装になっているだしや乾物を入れています。タッパーに入っているのは小麦粉と片栗粉です。粉類も本当は冷蔵庫に入れたほうがいいようですが、入りません。左にはお茶を入れています。下の扉には食器とお米が入っています。床に置いてあるボックスは、缶詰やパスタや料理用ワインなどのストックです。
❻冷凍室（43L）です。下が空いているように思うかもしれませんが、タッパーに保存する調理済みおかずスペースを確保しています。今日はひとつしかないので。あと、製氷皿をどかしてしまっています。そろそろ出さなくては。ご飯は来週のお弁当用5つを先ほど炊いて冷凍しました。(奥側5個)
画像でわかりにくいですが、量を多めにしているのでフセンを貼って他と区別しています。

06:linden

07 kermitさん
kermit

夕食作り開始時間	夕食を食べ始める時間
下ごしらえは 6～7時頃（夫の帰宅直前に仕上げ）	9時半～10時すぎ

食費について
1回の買い物で7,000～8,000円（月1のコストコは別予算）。

➡ 「美味しいごはん」http://emi29.blog.fc2.com/

栄養バランスを考え、お野菜多めのメニュー！

北欧食器のDANSKや、5年程住んだことのあるアメリカで少しずつ集めて日本に持ち帰ったビンテージ食器などを使い、できる範囲で手作り、お野菜多めのメニューを作っています。日々の家ご飯やスイーツ、パン、お弁当のちょっとしたレシピを公開中。40代主婦。現在は夫（相方）と犬（黒くて毛深い息子）と北海道在住3年目。

▶ 夕食献立のこだわり
お野菜多め。和洋中、エスニックなどが1週間で偏らないように。最近は『まごわやさしい』で、栄養バランスを考慮。メインのものは1～2カ月は同じものを作らない。

▶ 夕食の献立を決める方法
週に1度まとめ買い。購入した食材でメインになるものを決める。副菜はバランスを考えつつ、家にある食材で。

▶ 2013/06/01 ワインを飲むぞ！の献立 　夏

スペアリブの煮込みはマーマレードとお醤油で、ほろほろ～になるように、ルクで長めに炊いた。器は「Fire King 3 コンパーメントプレート」。フォカッチャ、また焼いちゃったぜ。今回はちーこいサイズ。満足満足。
イカと野菜のマリネ　スペアリブの煮込み　きのことほうれん草のジェノベーゼ炒め　カマンベールチーズdeフォンデュ風　自家製フォカッチャ

▶ 2013/06/04 ゴーヤチャンプルー丼献立 　夏

だんだん夏野菜も出始めた＆安くなってきましたね。ゴーヤを安くGETできたので、ゴーヤチャンプルー丼にしたよ。
ゴーヤチャンプルー丼　豚汁　しいたけのカレー揚げ　れんこんと芽ひじきと三つ葉と新玉とツナのサラダ　きゅうりの梅干しと塩昆布和え

▶ 2013/06/09
焼き肉の献立　夏

今年度に入ってめっちゃ忙しい相方。忙しすぎてほとんど走ってないのに、エントリーしちゃっていたのでハーフマラソンに参加しました。2時間以上かかるんちゃうか？ と思っていたけど2時間切れた上に意外と元気そうでした。お疲れ様会で、焼き肉です（私も送迎がんばったし！）
ハラミ＆中落ちカルビ＆せせり　ホルモン2種　野菜いろいろ　キムチ＆枝豆ジョニー　サラダ

▶ 2013/06/23
港で帆立買ってきたど〜！　夏

36枚で1000円（爆）！　帆立祭りです〜♪　これらを楽しむには帆立さんとの戦いがありました。帆立さんも必死よね？　広げるのをめっちゃ嫌がられ、いい加減にしないと挟むよ？　と言われつつがんばったで〜。いや〜、日本酒に合いましたなぁ。
帆立の刺身　帆立バター醤油　買った漬け物　セロリとブナピーとにんじんの塩レモン炒め　揚げなす　かぼちゃとベーコンのきんぴら風

▶ 2013/07/02
週末もお疲れ様ステーキ　夏

土日もお仕事だった相方。お疲れ様〜の意味も込めて、肉星人さんにささげましょ。お肉は、塩こしょうして牛脂で焼き、すりおろし＆みじん切り玉ねぎと醤油、みりん、お酒のたれとフライドガーリックとで。
ステーキと野菜　にんじんの豆乳ポタージュ　生ハムマリネ　コストコーンパン

▶ 2013/07/14
困ったときは！デミオムライス　夏

困ったときって何を？　夕飯のメニューにですよ！　週末近くて、材料も限られてきているときだからなおさら。そんなときは、オムライスに頼ろう（笑）！　デミオムライスの器は「Indiana Glass　デイジー＆ボタン　スナックセット」。
デミオムライス　えびと野菜のバジルマリネ　車麩オニオングラタンスープ　粒マスタードまみれジャーマンポテト　大根などサラダ

▶ 2013/07/26

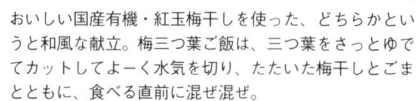

鮭と野菜のおろし和え 夏

おいしい国産有機・紅玉梅干しを使った、どちらかというと和風な献立。梅三つ葉ご飯は、三つ葉をさっとゆでてカットしてよーく水気を切り、たたいた梅干しとごまとともに、食べる直前に混ぜ混ぜ。
梅三つ葉ご飯　しじみのみそ汁　鮭と野菜のおろし和え　かぼちゃのそぼろあん　コールラビとハムの粒マスタードマヨ和え

▶ 2013/08/01

アクアパッツァのパスタ添え 夏

アサリ好きなので、安いときに買ってはうんべ──（アサリが呑みたいのを出している様子）と塩抜きし、冷凍しておきます。今日はそちらを使って、おいしいパスタ。アサリ汁汁（ジルジル）がたまらんよ。
アクアパッツァのパスタ添え　ズッキーニの豆乳スープ　きのこのマリネ　お野菜などとゴルゴンちゃんディップ

▶ 2013/08/13

冷やし肉みそうどん 夏

なんか蒸し暑くていらっとする毎日（笑）。北海道で蒸し暑いと損した気分になるからです（笑）。冷たい麺と辛いもので元気出さないとな。うどんはコストコの半生麺。なかなかうまいよ。
冷やし肉みそうどん　キムチスープ　オクラと梅と海苔の和え物　もずく入りだし巻き卵　ズッキーニやらパプリカやらベーコンのスパイシー炒め

▶ 2013/08/25

きのこの天ぷらで居酒屋風 夏

直売所ブームの我が家。きのこの盛り合わせを見つけました。そんなに安いわけじゃないけど、でかいなめこやまいたけ入り。というわけで、こちらを楽しむメニュー＋αの居酒屋開店でございます。天ぷらは……暑かったです。でもおいしかったです（小学生の日記か！）
サーモン刺（コストコの）　ツナときゅうりとトマトとわかめのナムル　鶏肉とセロリのソテー　きのことなすとししとうの天ぷら

▶ 2013/09/01
ビーツ見つけたど〜！

秋

近所の直売所でビーツ見つけたど〜！ 1個100円！ ヒャッホゥー！ 生ビーツはなかなか見つけられなかったのでめっちゃ嬉しい〜♪ というわけで、ビーツといえばボルシチ。まだちょい暑いけど、スープメインだっていいじゃない〜。サワークリームは忘れずに！
ボルシチ　なすとブロッコリーのゴルゴンちゃん炒め　かぼちゃサラダ　サラダ　コストコパン

▶ 2013/09/14
居酒屋kermitへようこそ

秋

どうも〜。居酒屋開店です。やっつけでメニューを考えたものですから、なんかかぶってる？という感じの献立ですが、まあ許してな。
もつ煮　れんこんと鶏肉のピリ辛煮　オイキムチ風　ひじき明太マヨおにぎり　抹茶ジョニー　黒豆枝豆

▶ 2013/09/30
チキン南蛮丼の献立

秋

鶏肉食べたーい。そんなときの定番メニュー（笑）。まあどうやらブログによると、前回は2月に作っているみたいだから（ブログってこういうとき便利よね）。そろそろいいか♪
チキン南蛮丼　コンソメスープ　トマトとアボカドのマリネ　すぐき漬け　なすのピザ風

▶ 2013/10/01
ベーコンとほうれん草と
きのこのキッシュの献立

秋

久々に食べたくなったので、キッシュを焼きましたよ。パイシートを使っちゃえば、手間がほとんどかからなくてラクチンですよね〜。もちろんパイシートは、冷凍食品割引のときに買うべし(爆)！
豚肉とカリフラワーのスイートチリ炒め　ガンボ風スープ　ベーコンとほうれん草ときのこのキッシュ　コブサラダ風

▶ 2013/10/09
石狩鍋の献立 　秋

お店に山盛り鮭関係が並ぶようになりました。朝晩は特に涼しく（なんなら寒く）なってまいりましたのでお鍋いっちゃうぞ〜い。
石狩鍋（味付けはみそ、みりん、醤油、バター少々。具は鮭、えび、帆立など）　お野菜とベーコンのバルサミコ酢炒め　塩辛　きゅうりとトマトのめかぶ酢和え

▶ 2013/10/26
ビーフシチューの献立 　秋

久々にコストコ6本入り箱ワイン以外を（笑）、カルディで買いました。そんなワインを楽しむための献立です。
きのことパプリカのマリネ　コストコパンやコストコ生ハムチーズやカルディのオリーブ　ゴルゴンちゃん入りサラダ　ビーフシチュー

▶ 2013/11/08
鯛のアラde鯛飯の献立 　冬

大量に鯛のアラが入ったパックを某スーパーで発見！しかも、切り身っぽいやつもいっぱいまぎれてる〜♪それで399円だったから即買いですがな。アラでもいっぱい楽しむで！
鯛飯　鯛のアラ汁　れんこんの豚肉巻き　小松菜としめじとパプリカの炒めもの　白菜と長芋の漬け物

▶ 2013/11/12
アボカドスパム丼の献立 　冬

アボカドを買ったら、スパムとのコンビネーションで食べたくなります。今回のスパムは、お友達が送ってくれたハラペーニョ入りのもの。私があっちにいた頃には見たことなかったような。相方がハラペーニョ好きだから喜んでるぞい。
アボカドスパム丼　ブロッコリーのアンチョビガーリック炒め　レタスと玉ねぎとしめじのスープ　マカロニサラダ

▶ 2013/11/16

中華deワンプレートの献立　冬

豆腐が気付いたら賞味期限じゃ～！ということで中華です。麻婆豆腐です（←短絡的）。せっかくなのでいろいろ中華メニューを取り揃えてみた。
中華風卵野菜スープ
白菜とにんじんの浅漬け　えびチリ　麻婆豆腐　きゅうりとくらげとわかめの和え物

▶ 2013/12/08

プルコギワンプレートの献立　冬

この日は、今夜はパスタにでもするかな。前日は和風だったから、洋風もいいよね……と思っていたんですがこんなメニューに（笑）。洋風メニューで思いつくのが、どうしてもワインに合っちゃいそうなのばっかりで、週の真ん中にそれも何かな～と思いましてな（笑）。
十六穀ご飯　プルコギ的なもの　チョレギサラダ風　なめことねぎのみそ汁　厚揚げとこんにゃくの粒マスタード炒め

▶ 2013/12/10

豆乳ポテトグラタンの献立　冬

相方が飲みに行って、お土産にじゃがいもを持って帰ってきました。……何それ（笑）？　←そんな店だったらしい。というわけで、じゃがいも料理です。
豆や鶏肉や野菜のマリネ　れんこんとひじきとツナのサラダ　野菜のコンソメスープ　豆乳ポテトグラタン

▶ 2013/12/16

自家製パリパリピザの献立　冬

ときどき食べたくなるピザ～！　コストコのを買うか、自分で作るかしないと……宅配ピザは高くて買えーん。ちなみにこちらは、アメリカーンみたいにピザは車で宅配されるらしい。
かぼちゃサラダ　たこのマリネ　バジルコーンピザ　ほうれん草とベーコンのピザ　アンチョビとパプリカのピザ　くるみとゴルゴンちゃんのピザ
もちろん食べ切れなくて、翌日も食べたぜ～♪

07:kermit

▶ 2013/12/23

ツナとオリーブのパスタの献立　冬

見るからにおわかりの通り……ワインを飲みましょうかの献立です。よろしかったらクリスマスメニューの参考にもなさってね(笑)。なんて完全にとって付けたコメントですが。ただワインが飲みたかっただけ〜。
ツナとオリーブのパスタ　ベビーリーフ　自家製イタリアンドレ和え　じゃがいものガレット　クラッカーとそれに添えるもの　スタッフドマッシュルーム

▶ 2014/01/04

鴨鍋とおそばの大晦日献立　冬

大晦日の献立です。何にしようかまだ決まっていなかった日に、スーパーで発見した鴨肉！　入っている量からすると豚や鶏肉よりは高い……。でも、鴨鍋やってみたい……何度も、うーろうーろして、結局買っちゃったというお肉(笑)を使った献立です。おそばを煮詰まった鴨鍋のお汁につけていただきまーす。
鴨鍋　焼きなす　貝割れクリームチーズ　和風サーモンマリネ

▶ 2014/01/07

お節などの献立　冬

雪かきまみれだったお正月……お節ですよ、今日も。でも盛りつけをちょっと変えてみて、雰囲気だけ違うように見せております。
お節ワンプレート　たこのガーリックマリネ

▶ 2014/01/12

いろいろトッピングde
七草粥の献立　冬

7日の献立です♪　七草セットを買いました。思ったより高いから悩んだけど(笑)。一応やれる範囲で伝統的行事はやっときましょうということで。
明太子とねぎのだし巻き卵　キムチ豆腐　まだあるお節の残りや塩辛　七草粥　トッピング(フライドオニオン、梅干し、明太子、塩昆布、海苔、ニラ入り肉みそ、自家製なめたけ、鶏皮焼いたヤツ)

07:kermit

▶ 2014/02/08

こんにゃく入り豚のしょうが焼き 冬

気温が上がって雪が溶ける→そしてまた気温が下がるでつるつるになった家の駐車場で、思い切り滑って頭や首や肩をごーんと打ちました。
ゆかりご飯　こんにゃく入り豚のしょうが焼き（こんにゃくとしょうが焼きの味付けは合うのですよ）　もやしとにんじんのみそマヨ和え　ほうれん草と芽ひじきの白和え　おでん汁de茶碗蒸し

▶ 2014/02/01

寒い日にはポトフ♪の献立 冬

今日はスープメイン飯ですよ〜。ポトフにしちゃえばボリューミーだからそれもありなのよ。
ポトフ　なすとオレンジのメープルバルサミコマリネ　鮭とブロッコリーのキッシュ　和風サラダクルルサラダ（サラダクルルはなんと90秒ですよ、ゆで時間！）

▶ 2014/03/02

たらの南蛮漬けの献立 春

南蛮漬けLOVE！ たらさんを大好きなメニューに変身させましょう。お野菜いっぱい摂れまっせ〜！
グリンピースご飯　けんちん汁　たらの南蛮漬け　菜の花のからし和え　なすのみそ田楽　いぶりがっこ

▶ 2014/03/05

白菜のラザニア風の献立 春

冷凍庫にミートソースが眠っていたのでそろそろ消費してしまいましょうかね。
白菜のラザニア風（ラザニアパスタの代わりに白菜をカットしてレンチンしたものを。断面は白菜→ミートソース→ホワイトソース→チーズ。こちらを2段。水分出ないようにするには、めっちゃ水気を切っておくといいかもな）　チキンベジタブルスープ　パプリカのピクルス　コンビーフポテト　サラダ

▶ 2014/04/04
パリパリ♪ 春巻きの献立 　春

今日は相方も喜ぶあの献立ですよ？　どちらかというと中華で行ってみよう。
小松菜と桜えびの炒飯　きゅうりと長芋とトマトの三杯酢和え　豆腐入り中華コーンスープ　ひじきとれんこんのサラダ　春巻き（ひき肉、春雨、ねぎ、タケノコを炒めて醤油、砂糖、オイスターソース、塩こしょうなどで味付けして冷ましたものを春巻きの皮に包む。多めの油で揚げ焼き。翌日のお弁当分も揚げちゃってるぜい）

▶ 2014/04/08
まぐろ寿司の献立 　春

週に1度の買い出し〜。増税後初の買い物で、微妙に値上がりしている食材にどきどきやったぞ（笑）。でもお得なのもあったよ。まぐろのアラたっぷりでなんと398円！
まぐろの刺身＆たたき（丼、なんちゃって軍艦で）　じゃがいもとしめじとねぎのみそ汁　いぶりがっこ　ごぼうの甘辛　切り干し大根ときゅうりとトマトのサラダ　枝豆ジョニーPREMIUM　NEO

▶ 2014/04/10
青マスのムニエルの献立 　春

小さめだけど青マス（カラフトマス）が悪くない値段で売っていました。三枚におろして、ムニエルにしました。ムニエルって献立悩むね。
青マスのムニエル　ご飯　わかめと豆腐とねぎのみそ汁　サラダ　粉ふきいも　れんこんとひき肉のきんぴら　蒸しなす

▶ 2014/04/16
ちゃんぽん（風）麺の献立 　春

たまには麺の夕食もいいよね。中華太麺を安く手に入れたのでお野菜もいっぱい食べられるアレにしましょう。
ちゃんぽん（風）麺（豚肉、えび、イカ、玉ねぎ、キャベツ、にんじん、ピーマン、レンチンじゃがいも）　もち米シュウマイ（玉ねぎとしいたけ、しょうが、豚ひき肉を混ぜ混ぜして下味を付けて水に漬けておいたもち米＆枝豆をくっ付けて蒸し上げた）　わかめときゅうりとトマトの三杯酢和え

07:kermit
098

▶ 2014/05/01
ミラノ風カツレツの献立 春

とんかつじゃないよ〜。しばらく和風なメニュー＆魚系が続いてましたからそろそろ洋風メニュー＆肉系行ってみましょうか。
野菜コンソメスープ　サーモンマリネ　カレーピラフ風　ルッコラとトマトのサラダ　ミラノ風カツレツ（お肉はよくたたいて薄めにしておくと、火の通りがよくなります。ルッコラとトマトのサラダと一緒に食べてもおいしいよ）

▶ 2014/05/03
ピリ辛肉みそ丼の献立 春

ひき肉があるぞ〜い。これを使って、メインのお料理にしちゃいましょうの献立。ご飯がすすむ〜♪
ピリ辛肉みそ丼　セロリの漬け物　小松菜とにんじんのしらす和え　なすとエリンギとこんにゃくのバター醤油炒め　豆腐とねぎとわかめのみそ汁

▶ 2014/05/06
お好み焼き&焼きそばの献立 春

お休みの日なので手抜きさせてくださ――い。このメニューなら文句あるまい。
豆腐サラダ（ぎゅうぎゅうに詰められてる豆腐ありますよね？　アレ、キレイに出せた試しがありません。これも出せてません）　きのこの梅和え　ねぎ豚玉　イカ玉焼きそば（余った分は翌日、焼きそばパンにして食べたの♪）

▶ 2014/05/10
黒カレイの煮付けの献立 春

カレイのシーズンでございます。今回は切り身をお手頃価格で発見したので、こんなメニューです。
十六穀ご飯　豆腐とワカメとねぎの味噌汁　ほうれん草と人参の胡麻和え　黒カレイの煮付け　大根と豚肉のオイスターソース煮　刺身こんにゃくときゅうりと鶏皮の酢みそ和え

07:kermit

column
みんなのこだわりトーク

カレーについて

みんな大好き、国民食ともいえるカレーライス。
カレーへの一家言、語ってもらいました。

norie フルーツがたっぷり入った欧風カレーを作ります。ストウブ鍋で2日間熟成させています。ルーは、「ハウス　ジャワカレー（中辛）」、「ハウス　ディナーカレー（辛口）」を使い、スパイスは、GABANの純カレー粉、ガラムマサラ、クミンパウダー、カルダモン、レッドペッパー、ジンジャーを入れます。頻度は月に1度くらいです。（のりえさん）

noissyu 普通のカレーのときは「ゴールデン」と「バーモント」と他に何か1種類混ぜています。トマト缶とスパイスで作るカレーは食べるときには辛さを調節する真っ赤なスパイスをかけるんですが「マジックスパイス」のものが好きです。切らしたときはスーパーで売ってるもので我慢してます。（のいっしゅさん）

sobubu 頻度はがんばって作って1カ月半に1度。市販のルーがあまり好きではないため、気が付けば全く作っていないことも……。今は子供のために作るようにしていますが、息子の反応もそれほどではない。子供が生まれる前までは牛すじにカレー粉を使用し、小麦粉なしのサラリとしたカレーを作っていました。それ以外の具は玉ねぎを1時間以上炒めたものを使用するのが定番です。子供が生まれてからは甘口のルーに頼るカレーでしたが、最近は辛いものも食べられるようになったので飴色に炒めた玉ねぎ、牛すじコンビという原点に戻りつつあります。ただし、子供の口に合わせて市販のカレールーを使用。（sobubuさん）

pudding 普段のカレーは市販のルーを2種類ぐらい混ぜて使います。こだわりは飴色玉ねぎを大量に作って入れます。じゃがいもは入れません。ローレル、クミン、ガラムマサラなどの香辛料は必ず。これにチキンカレーなら骨付きのドラム（下もも肉）とキノコ類を。ビーフカレーなら角切り牛肉を使います。

ドライカレーの場合は香辛料を10種類以上使ってカレーペーストを作っています。小分けして冷凍しておくと食べたいときに具材を加えてすぐ作れるので重宝しています。

最近はタイカレーをよく作ります。専門店からカレーペーストを寄り寄せているので本格的でおいしいものが簡単に作れます。そのためにコブミカン（香辛料）の木まで植えました（笑）。（ぷりんさん）

ogawa hiroko カレールーなどにこだわりはありませんが、冷蔵庫にある残り野菜などを入れて冷蔵庫の掃除感覚で作るのが多い気がします。じゃがいも、にんじん、玉ねぎ、なす、ピーマン、白ねぎなどたくさんの野菜を入れて作ることもあります。多めに作るので、次の日からは

カレーライスとして食べるのではなく、カレードリアやカレートースト、パン耳などを利用してグラタンにして朝食に出すようにしています。(おがわひろこさん)

linden ひとり暮らしをしてから5回くらいしか作ったことがないと思います。量がたくさんできてしまうことと、じゃがいもを入れると冷凍保存ができないためです。(リンデンさん)

kermit メインの献立が数カ月は同じ物を作らないようにしているので、たまにしか登場しません。いわゆる日本のカレーだけでなくタイカレーやインドカレーなども作ります。タイカレーや日本のカレーは市販の素等を使っても、必ずスパイス等をプラスして好みの味や辛さにし、インドカレーはスパイスを調合して作ります。(kermitさん)

ayako 市販のカレールーは高カロリーのため、カレー粉・ガラムマサラ・クミン・チリペッパーなどのスパイスを使って作ります。(あやこさん)

asuka 市販のルー＋スパイスで調合しています。トマトを入れるのも好きです。(あすかさん)

chie 家族全員カレー大好き。困ったときはカレーにしておけば絶対に喜んでくれるので、助けられてます。前日から仕込み始め、たっぷり作って、その翌日の朝もカレーです。ルーは、大人用には「ハウス ザ・カリー（辛口）」「S&B ディナーカレー（辛口）」を合わせています。子供は、安心素材の「キャニオンスパイスのこどものためのカレールー」。下味をつけた牛薄切り肉を炒めて赤ワインで風味付けしたものを、煮汁ごと野菜のお鍋に入れて煮込みます。玉ねぎはたっぷり（5つくらい）使って、にんにくのみじん切り、にんじん、じゃがいも、マッシュルーム。ルーを入れる前に子供用を取り分けます。隠し味に、だし醤油、あればりんごのすりおろし、中濃ソースを少し入れたり。頻度は月に1回か2カ月に一回くらいです。(ちえさん)

mischa 私が好きなのは「バーモントカレー（中辛）」と、「ジャワカレー（辛口）」。あくまで弱火でコトコト。煮込む時に塩気とスパイスとすりおろしリンゴを加える。じゃがいもはゆですぎず、仕上げにミルク（お玉1杯程度）とはちみつ小さじ1程度をプラス。よそうご飯は少し硬めに炊く、が大きなコツかな〜。日本式のカレーよりは、インドとタイのカレーのほうがアメリカ人には馴染みがあるので、夫の好みに合わせて我が家では日本式のカレーはあまり作りません。数カ月に1度くらいです。そして作るときはこれも夫の好みに合わせてとんかつカレーにしてます。(Mischaさん)

column
101

08 あやこさん
ayako

夕食作り開始時間	夕食を食べ始める時間
6時頃	7時半頃

食費について
2万5,000円くらい（1カ月につき）

▶「あやこのHappyLife」 http://ameblo.jp/ayakore0915/

大好きな器から献立を決める日もあります。

夫とふたり暮らしの東京在住30代の会社員です。時間に余裕がある仕事への転職を機にお料理ブログを始めました。野菜中心にバランスのいい食事を心がけています。北欧食器をはじめ器が大好きで、少しずつ集め続けて……今では数えきれないほどに。毎食どの器を使うか楽しみにお料理をしています。器から献立が決まることもしばしばあります。

▶夕食献立のこだわり
1汁3菜（3菜以上）／15品目以上／1週間で肉と魚の割合を半々／副菜は常備菜を活用／炭水化物は控えめに野菜を多く／季節の食材を取り入れる／多めに作って翌日の朝ご飯へ。

▶夕食の献立を決める方法
その日の気分でメインを決めてそれに合わせた副菜・汁物を作ります。

▶ 2013/06/26 　まさかの……最優秀賞！　　　　夏

いつもお買い物で利用させていただいているイデールさんで「第2回イデール料理写真コンテスト」があり、まさかまさかの最優秀賞をいただいてしまいました。テーマは「初夏のお料理を盛り付けた写真」。レストランで冷製ポタージュをいただくと「夏が始まるな～」と思っていたので、新じゃがを使ったさらりとした冷たいポタージュにしてみました。器はもちろん、「イッタラ　カステヘルミのクリア」♪　ベランダで育てているディルに、彩りでピンクペッパーを添えてみると、ディルにピンクの花が咲いているよう。「賞」と名のつくものをいただいたのは、小学校の書道くらいしか思い出せないので素直にとっても嬉しいです！

▶ 2013/06/25

照宝のせいろでシュウマイ

シュウマイ　アスパラのポーチドエッグのせ
サラダ　高野豆腐の煮物　おみそ汁（豆腐・
わかめ・大根）
❶久しぶりにシュウマイを作りました♪　時
間のあった前日に作っておいたので、当日は
蒸すだけ。「イッタラ ティーマ」と「アラビア
イエローパラテッシ」でカラフルコーデで。
❷「中華街照宝」のせいろにクックパーを引い
て10分蒸しました。30個作ったので10個冷
凍して、ペロリと残り20個平らげました♪
今回はしいたけと玉ねぎだけだったけど、た
けのこが入っていたほうがやっぱり食感がい
いですね。❸ゆでたアスパラにポーチドエッ
グをのせて塩・ブラックペッパー・ピンクペッ
パー・オリーブオイル・白ワインビネガー。
お皿は「ティーマ テラコッタ」にしました。❹
煮物は前日の残り物。スクエアで煮物もあり
ですね♪

1	2
3	4

夏

▶ 2013/07/10

うな重

うな重　ひじきサラダ　野菜の煮びたし　笹かまの酢の物　ニラ玉スープ

❶実家からうなぎをもらったので、重箱に盛り付けてうな重にしました。久しぶりのうなぎ！せっかくなので、お重に入れておめかししました。こう暑いとうなぎを食べて、元気を出したくなりますよね〜。❷ひじきの煮物を大量に作ったので、水菜やラディッシュ・トマトと合わせてサラダに。❸いつものお野菜便に入っていたししとう消費のため、煮びたしに。ししとう・なす・油揚げ・大根・しいたけ。1日目は温かいまま、2日目は冷やしていただきます。野菜やご飯と合わせることを考えて、味付けは少し濃い目で作っています。❹笹かまがあったので、酢の物に。酢の物はこの時期、毎日でも食べたい。❺ビールは、世界遺産記念で(？)、「スガハラ」の富士山グラスでいただきました〜。缶ビールはスーパードライが一番好きなので、こちらのゴールド缶を買ってみました。味が濃くて、黒ビールに近い感じ。

1	2
3	4
5	

夏

08:ayako

▶ 2013/07/18

初さんまの晩ご飯

さんま　肉じゃが　キャベツときゅうりの浅漬け

❶さんまが並び出しましたね♪　少しお高いけど、初さんまいただいちゃいました。この日は、このあとポテトチップスを食べながら映画を見ようということで早め＆少な目に晩ご飯。いつもは頭と内臓を取って焼きますが、せっかくなのでそのまま。頭と内臓がキレイに取れる瞬間が快感！　❷肉じゃがはストウブで無水調理。じゃがいもがほくほくに仕上がります。❸浅漬けは、きゅうりとキャベツを塩昆布と一緒にもみ込んで1時間ほど冷蔵庫に入れておきました。10日〜2週間に1度、15品目入りの岡山野菜を頼んでいます。季節の野菜や知らない野菜を、どう料理するかも楽しみのひとつです。野菜便で毎回キャベツが丸ごと送られてくるので、消費に励んでおります。❹旦那さんは「ウルティマツーレ」のグラスをチョイスしてビールを飲んでいました。

1	2
3	4

夏

▶ 2013/08/06 | さつまいもご飯と南蛮炒め　夏

さつまいもご飯　鮭と野菜の南蛮炒め　いんげんのマヨオカカ和え　納豆　おみそ汁
日曜日の夕方、夕飯の準備がめんどくさくなって「今日はナポリタンねー」とゴルフの練習に行く旦那さんを送り出したけど急にやる気が出てメニュー変更！　さつまいもご飯を作ってみました。シンプルで、塩加減もちょうどよくおいしくできました。旦那さん、体を動かしたからか2回おかわりしてました。鮭は小麦粉にまぶして、なす・ズッキーニ・玉ねぎ・じゃがいもと一緒にこんがり炒め、最後に南蛮だれをかけてさっと煮ました。南蛮だれが大好きなので、楽しみに食べたら……なんと、鮭が西京漬けでした!!　いつかみそ床に漬けて冷凍しておいた鮭、すっかり忘れておりました。食べられないこともないのですが、冷凍するときは、きちんとメモしておくべきですね。反省。

▶ 2013/08/09 | 飛田和緒さんの「主菜」から いわしの蒲焼き　夏

いわしの蒲焼き　ししとう焼き・せん切りキャベツ・ミニトマト　そうめん瓜　もずく酢　えん菜とベーコンのガーリック炒め　キムチ奴　もずくと豆腐のスープ
昨日8月8日は、4周年の入籍記念日でした。いろいろ希望はありますが、まずは仲良く一緒にお祝いできたことに感謝です。5年目も仲良く過ごせますように☆　そんな記念日の晩ご飯は……いたって普通でしたが、届いたばかりの飛田和緒さんの『主菜』から1品。いわしはおろしてあるものを買ってきたので、楽チンでした。甘辛いたれがおいしい！　そして初挑戦のそうめんうり。固くて切るのが大変でしたが、20分ほどゆでると、ほろほろとそうめん状に。大根のツマに近い感覚でサラダにしたり、そうめんのように麺つゆでいただけます。ビールは「よなよなエール」。コクがあって、香り高く大好きな味でした。

08:ayako
106

▶ 2013/08/25

三枚肉と大根の煮物

❶鯛とサーモンのちらし寿司　三枚肉と大根の煮物　にんじんとツナのサラダ　おかひじきのだしマヨ和え　だだ茶豆　おみそ汁（豆腐・わかめ・大根）❷飛田和緒さんの『主菜』から三枚肉と大根の煮物を作りました。旦那さんは煮卵に反応していましたが（←そこじゃないよね）。味の染みた豚肉と大根、翌日もおいしくいただきました！❸「イッタラ ティーマ スクエアプレート（セラドングリーン）」でちらし寿司。スクエアで丼物（カレーも含め！）する確率が高いですね。食器棚でも使いやすい場所にあるせいか、すぐ目に留まってしまい使っちゃいます。❹「ナハトマン マンボ」には、にんじんやらおかひじきなど野菜の盛り合わせ。

1	2
3	4

夏

▶ 2013/09/11 　ジェノベーゼで週末ディナー　　秋

えびとアボカドのジェノベーゼ　かぼちゃの冷製ポタージュ　栗とゆずのパン・生ハムバゲット　ブルーチーズ　ひじきと玉ねぎのサラダ
実家のバジルが山ほど育ったので、もらってきて、バジルペーストを作りました。ジェノベーゼにはゆでたえびとアボカドを。ポタージュは「カステヘルミ」のスタンドボウルでちょっと豪華な見栄え♪　パンは新宿3丁目にある「ル・プチメック」。常備菜のひじきと玉ねぎの甘酢サラダにはきゅうりを加えました。そしてスガハラの3種の泡グラスでスパークリングワイン。明るい時間からの晩ご飯だったため、食べ終わってからも常備菜を少しずつ出してきて夜までお酒を楽しみました。たまにはいいんだけど、長時間ダラダラ食べていると翌朝、体が重くて朝ご飯が気持ちよく食べられないなぁ。年のせいか健康志向になりつつあるようです。

▶ 2013/09/12 　常備菜で晩ご飯　　秋

ゴーヤ入り焼きうどん　野菜の揚げびたし　ひじきと玉ねぎの甘酢サラダ　さつまいもの甘辛煮　きんぴらごぼう　中華風スープ
週末作った常備菜での晩ご飯。常備菜は、特にアレンジもせず並べただけなんですけどね……。この日は焼きうどんとスープを作っただけで、見た目には品数が多いので楽でした。お野菜便にゴーヤが3本入っていたので、ゴーヤチャンプルにしようかと思ったらゴーヤをあまり好まない旦那さんが嫌そうだったので大好きな麺（うどん）に混ぜて登場させました。塩でもみ込み、さっとゆでたので多少苦味は和らいだはず。味付け＆盛り付けは旦那さんがやってくれました。野菜の揚げびたしには酸味があるほうが好きなので、この日は梅干しも入れています。

08:ayako
108

▶ 2013/10/25

鶏肉のポルチーニ煮込みパスタ

さつまいものポタージュ　春菊とベビーリーフのサラダ　帆立の海苔巻き　いわしの梅煮シラスおろし　鶏肉のポルチーニ煮込みパスタ
❶旦那さんの誕生日翌日の、週末ご飯です。カヴァでしゅわしゅわお祝い気分。お料理は和洋折衷。❷さつまいものポタージュ。お料理教室で習ったように、よーく炒めました。❸春菊を生のままサラダで。❹帆立のポワレのお刺身を、酒・みりん・醤油に漬け込んでさっと炙って海苔で巻きました。お鮨屋さんのおつまみで出てきておいしかったので、まねっこ。❺いわしの梅煮。カヴァとの相性もGOOD！❻メインの鶏肉のポルチーニ煮込み。鶏むね肉が柔らかく、きのこの香りも秋を感じました。ちなみにきのこは、ポルチーニ・しめじ・生しいたけ・エリンギ。

1	2
3	4
5	6

秋

08:ayako

▶ 2013/11/13　沖縄土産で晩ご飯　　　　　　　　秋

じゅーしぃ　海ぶどう　ジーマミー豆腐　浜町漬け（さば・鮭・鯖）かぼちゃの煮物　ごぼうサラダ　納豆　ふきの煮物・しょうがの甘酢漬け　おみそ汁

先週末旦那さんが社員旅行で沖縄へ行っていて、お土産を買ってきてくれました。珍しいものも買ってきてくれたので、さっそく使って晩ご飯にしました。ちょこちょこ常備菜など出したら、すごいお皿の数に……。じゅーしぃの素を使ったご飯は、しっかりした味付けで、おにぎりにしてもおいしかったです。そしてプチプチした食感のおいしい海ぶどうはポン酢でいただきました。ピーナッツを使ったジーマミー豆腐はもちもちしていて甘辛いたれも大好き。沖縄料理だったので、お茶碗とそば猪口はやちむんを使いました。

▶ 2013/12/08　大根とさばの煮物　　　　　　　　冬

大根とさばの煮物　卯の花　もやしの中華風サラダ　納豆　しょうがの甘酢漬け　昆布の漬け物　かぼちゃのポタージュ

旦那さんは遅くなるとのことなので、つまめるものを少しずつの晩ご飯。そうするとお酒が欲しくなり、開いていたスパークリングワインと共にいただきました。大根とさばの煮物は、さばの水煮缶で手軽に1品。大根を甘辛く煮て、ラスト5分にさばの水煮缶を入れるだけ。かぼちゃのポタージュは、いつもかぼちゃの皮も一緒にポタージュにするからキレイな黄色が出ないんだけど今回は、皮が傷んでいたので黄色い部分だけで作ったので鮮やかな色♪　よーく炒めたかぼちゃと豆乳と塩こしょうだけでおいしくできました。

08:ayako
110

▶ 2014/02/05 ｜ さばの南蛮漬け

冬

さばの南蛮漬け　アサリの白ワイン蒸し　帆立のカルパッチョ　おみそ汁
一番好きな魚はさば。一番好きな野菜は玉ねぎ。そして大好きな南蛮漬け。この3つのコラボ晩ご飯です。すべて奥田章さんの器にしました。さばは大きめサイズになってしまいましたが、大好きなので、無心でぺろりと完食！夫に食べるの早いねと苦笑されました。アサリの白ワイン蒸しは、キャベツとしめじも一緒に蒸しました。肉厚な帆立は横にスライスするより、縦に切ったほうが食感がいいのでそうしています。オリーブオイル・レモン・塩こしょう・だし醤油でドレッシングを作りました。

▶ 2014/04/11 ｜ たけのこだらけの晩ご飯

春

さばのみそ煮　サラダ　たけのこご飯　酸辣スープ　たけのことちくわの煮物　キムチ奴　かぼちゃのごま煮付け　ぬか漬け（きゅうり）
母がたくさんたけのこをゆでてくれたので、もらってきました。新しい器も使いました♪　徳永遊心さんの色絵花繋ぎにはさばのみそ煮とサラダを。地味な感じのさばのみそ煮も花や蝶のモチーフで、なんだかかわいく見えます♪　同じサイズでも模様の数や並び順、回転の向きは異なるらしいです。これも手作りのよさですね。定番のたけのこご飯にはたけのこ・にんじん・油揚げ・しいたけ・鶏肉が入っています。たけのことちくわの煮物も母からもらってきました。そしてすっぱ辛い酸辣スープ、大好物です。しいたけの戻し汁と鶏がらスープをベースに。たけのこの他、豚肉・しいたけ・にんじん・白菜・えのき・卵を入れました。

09 あすかさん
asuka

夕食作り開始時間	夕食を食べ始める時間
5時半。45分でできあがるように。	6時半前後

食費について
おかず代だけで2人前500円前後（お米とおみそは親戚からいただく）

➡「ファブリックパネルほっこりカフェ」 http://ameblo.jp/hokkoricafe2/

いつかカフェを開く夢を持ちつつ福岡生活を満喫中。

京都出身で関東を転々とし、現在は福岡に在住。2011年に第1子・レン君を出産、2歳を機に久しぶりに仕事を再開し、仕事と家事と育児に追われる毎日です。将来"ほっこり"できるカフェをオープンするのがひそかな夢。現実にお店を開く前に、ブログで毎日の夕飯を紹介する「ほっこりカフェ」をOPEN。最高のカフェをめざして、こつこつ自宅で奮闘中です。

▶ 夕食献立のこだわり
食品数は多めに値段は控えめに。盛り付けはカフェ風のプレート方式。おいしそうに見えるよう、彩りにも気を付けています。

▶ 夕食の献立を決める方法
冷蔵庫の中身を見て、インスピレーションで決めています。ただし金曜日はパスタの日にしています。

▶ 2013/06/18 ｜ 一貴山豚の豚ミンチ丼   夏

一貴山豚の豚ミンチ丼　焼きなすサラダ　野菜たっぷりスープ　セロリの浅漬け（今日の夕飯の食品数：15品豚肉・なす・キャベツ・にんじん・きゅうり・セロリ・トマト・ごぼう・豆腐・ねぎ・白米、今日の夕飯にかかった費用2人前：約500円）
仕事先にアメリカ人の男性が入ることになったんです。英語がんばらなきゃ〜って思っていたら、彼は日本語がペラペラ。でもなるべくがんばって英語で説明をしているんですが、すぐに限界がきてしまいます。「これはどうやって英語で話すの？」って聞いて教えてもらうという新しいスタイルの英語勉強法で先週の1週間を過ごしました。

▶ 2013/06/20
から揚げの甘酢あんかけ 夏

から揚げの甘酢あんかけ　キムチ　冷奴　みそ汁（食品数：13品、費用約400円）
もうすぐ2歳2カ月になるレン君。でもまだちゃんとした言葉を発しないんです。ひとり目の男の子なのでまだ話せなくても大丈夫～と言われますが。読み聞かせがいいよ～と言われたので絵本を読み聞かせてみたんですが布団の上でバタバタ暴れて、本を見もしない始末。う～ん、アンパンマンの絵本にしないとダメかしら……。

▶ 2013/06/21
にんにくとトマトのパスタ 夏

にんにくとトマトのパスタ　かぼちゃのコロッケ（食品数：8品、費用約300円）
今日は金曜日。いつも金曜日はパスタにしているので、って、冷蔵庫に何もなかったよぉ（汗）ということもあり、シンプルだけどとってもおいしいパスタにしました。我が家のにんにくとトマトのパスタには、バターとはちみつとチーズを入れます。コクが出るんですよ。それとトマト缶はじっくり煮込んで甘みを引き出しています。

▶ 2013/06/26
麻婆なすと彩り野菜のピクルス 夏

麻婆なす　彩り野菜のピクルス　中華スープ　ごぼうのサラダ（食品数：11品、費用約500円）
何でも大きいものが好きなレン君。スプーンも子供用の小さいのは使わず、いつも一番大きいスプーンを持ってご飯を食べます。しかし使いこなせないので、手でご飯をつかんで、スプーンの上にのせて食べるんです。手でご飯を食べ、スプーンは口元に持っていくふりだけのことも。何のためのスプーンなんだか？

▶ 2013/07/02
肉じゃがとアスパラのカツ定食 夏

肉じゃが　ピクルス　アスパラのカツ（食品数：31品、費用約650円）
もうすぐ7月7日ですね～。保育園で七夕の飾り付けをしました。短冊には「早く話せるようになりますように」「いつまでも元気でいられますように」。保育園に入ると病気をもらってお休みをたくさんすると言われますが、レン君、半年で1日しか休んでおりません。保育園からも"元気いっぱい"の太鼓判を押されております。

09:asuka

▶ 2013/07/05　旦那様の誕生日

夏

豚のハーブ焼き　野菜たっぷりトマトスープ　サラダ（食品数：32品、費用約800円）
今日は旦那様のお誕生日なので、心ばかりのお祝いをしましたよ。お父さん、お誕生日おめでとう〜！時間があれば作りたかったケーキですが、今回は購入しました。分厚い豚のかたまり肉を買っていたので、久しぶりにオーブンで焼きました。入れて焼くだけの簡単料理なので、これからもっとオーブンも使っていきたいと思います。

▶ 2013/07/10　麻婆豆腐と祇園祭

夏

麻婆豆腐　きんぴらごぼう　中華スープ　サラダ（食品数：32品、費用約500円）
福岡では「博多祇園山笠」が盛り上がってきましたよ。でもクライマックスの「追い山笠」のときは、京都の祇園祭に出かけている我が家です。人が多すぎる「山鉾巡行」の日ではなく、今回も「宵々山（巡回の2日前、1日前は宵山）」に参加することにしています。また違った京都を味わえるお祭りですので、ぜひご参加くださいませ。

09:asuka

▶ 2013/08/02

冷やし中華と羽根付き餃子 夏

冷やし中華　パリパリ羽根付き餃子（食品数：9品、費用約400円）
明日から、大分県の久住（くじゅう）高原に1泊2日で遊びに行ってきます。久住は前から行きたいと思っていたんですが、この前の楽天スーパーセールでよさそうだなあと思っていたホテルが安く販売されていたのを発見。これは行くしかないでしょ〜ってことで、即買いです。明日は早く起きて久住を満喫してきたいと思います！

▶ 2013/08/19

照り焼きチキン 夏

照り焼きチキン　トマト納豆の冷奴　すき焼き風スープ（食品数：33品、食費約600円）
明日から遅いお盆休みの我が家です。お預けされていたお菓子を食べていいよって言われたみたいに嬉しいです。私、いつかは世界一周の船の旅がしたいんですよね。豪華客船で旦那様とふたり、ゆっくりのんびりした時を過ごすのが夢なんです。まだまだ先ですが、還暦のお祝いとしてできたらいいな〜なんて思っております。

▶ 2013/09/02

牛肉と春雨の炒め物 秋

牛肉と春雨の炒め物　おから　きゅうりとかまぼこの酢の物　なし（食品数13品：、食費約550円）
台風、雨と続いた福岡、秋のような涼しさに変わっております。さてちょっと体重が増えてきた旦那様。ダイエットを始めました。今日で6日目。ただいま走りに行っております。上げ下げを繰り返し、まだ数百グラムの減量ですが、ここからがつ〜んと下がってほしいところです。

▶ 2013/09/23

3連休は海で過ごしました 秋

3連休、旦那様はサーフィンへ。糸島は人も少なく快適のようです。糸島から佐賀県の唐津に向かった、海沿いにあるクルマえびの養殖所では、8月から12月にかけてクルマえびを購入することができるんです。販売所でなく養殖所なので、どこで買ったらいいのか迷いましたが、安くても1匹200円はするのに、家庭用は100g（5〜7匹）525円と超破格。今日の夕飯はクルマえびを使いましたよ。刺身と塩焼きです。頭はみそ汁にしました。

09:asuka

▶ 2013/10/01　チキンのこしょう焼き

秋

チキンのこしょう焼き　なすとしめじのケチャップ炒め　もやしときゅうりの酢の物　サラダ　みそ汁（食品数：32品、食費約500円）日に日に野菜の値段が上がっていくなあと思いきや、10月に入って、小麦やごま油や牛乳、卵と日常生活になくてはならない食品がどんどん値上げとなっているようです。そして消費税8％。ついに決まっちゃいましたね〜。現実のものになるとやはり悲しいです。

▶ 2013/10/06　竹崎かにのみそ汁と一貴山豚

秋

一貴山豚のしゃぶしゃぶ　竹崎かにのみそ汁　タラモサラダ　きゅうりの酢の物（食品数：34品、食費約1000円）今日は福岡・糸島のイベント、糸島市民祭りに行ってきました〜。糸島市のお祭りだけあって、いつものイベントよりも人が多く、2〜3倍はいたかと思います。みんな楽しみにしていたのね。さて、みそ汁は大分で有名な竹崎かに。みそ汁にしていただくことにしましたよ。

09:asuka
116

▶ 2013/10/21

鶏ミンチの炒飯

秋

鶏ミンチの炒飯　グレープフルーツのサラダ　豚汁（食品数：13品、食費約350円）
白ご飯がたくさん残っていたので、今夜は炒飯にしました。ちょっと変わったものがいいな〜、でも低カロリーがいいな〜と、鶏ミンチの炒飯にしましたよ。しょうがとにんにくを入れ、ウェイパーで味を調えるだけ。シンプルなのが逆においしいです。でも炒飯にするとご飯の量を食べてしまいますよね。

▶ 2013/10/29

おでんっておかずですか？

秋

おでん　サラダ　ご飯（食品数：30品、食費約700円）
皆さんのご家庭ではおでんはおかずですか？　私はご飯とおでんの組み合わせってなんか変だな〜と思いつつも、おでんだけだとお腹がすくのでご飯を添えています。そういえば、関西ではお好み焼きはおかずです。実家では週1でお好み焼きを食べていたぐらい、大好物ですが、旦那様はお好み焼きは晩ご飯ではなく昼ご飯！とのことで、夕飯にお好み焼きを作ったことがありません。

▶ 2013/11/03

カワハギを堪能♪

秋

カワハギの刺身　カワハギのバターソテー　かぼちゃの煮物　豚汁　サラダ　つるむらさきの酢の物（食品数：35品、食費約650円）
今日の夕飯は「カワハギ」を堪能しました。皮がとっても固いお魚で、べりべりっとはぐことができるので「カワハギ」という名前がついたそうです。肝がね、とってもおいしいんです。ふぐのあん肝に負けないぐらいのおいしさです。

▶ 2013/11/6

豚軟骨のトロトロ煮

秋

豚軟骨のトロトロ煮　さつまいもの甘煮　サラダ　みそ汁（食品数：32品、食費約400円）
九州では軟骨をよく食べるような気がします。関東ではあまり軟骨自体がスーパーでは売られていなかった気がするのは私だけかな？　こちらでは軟骨が100g30円ぐらいと格安です。骨周りのお肉っておいしいですよね。我が家では圧力鍋に入れて30分火を通すだけの簡単料理。トロトロにとろけたお肉がたまりません。

09:asuka

▶ 2013/11/27 ｜ 久しぶりのから揚げ、しょうがたっぷりだよ

秋

から揚げ　卵焼き　サラダ　みそ汁（食品数：11品、食費約600円）
レン君の得意技。それは、スーパーやコンビニでのアイスコーナー探し。お店に入るや否や、ダッシュで駆け出しいなくなります。そしてアイスコーナーで発見です。アイスケースはレン君にとってはちょっとした山。それをよじ登ります。よじ登って目当てのアイスをゲットするんです。1個100円ぐらいのアイスをゲットしたあとも、近くでボックス入りのアイスを見つけると、「より多いほう！」と情熱を燃やし、今度はボックスを手に取ります。おかげで我が家の冷凍庫はアイスが常備されています。

▶ 2013/12/18 ｜ 塩さば定食と乾布摩擦の威力

冬

塩さば　きのこのガーリック焼き　さつまあげの煮物　みそ汁（食品数：10品、食費約300円）
今日は底冷えする寒さの福岡です。私、小学生の頃は、冬でも半袖半ズボンで過ごしておりました。たまにいませんでしたか？　いつまでも半袖でがんばっている子。そう、私がその子だったんです。何をがんばっていたのか自分でもよくわからないんですが、長そでを着たら負け！　と、寒いのに半袖で過ごしていましたよ。ただ、乾布摩擦が肌を強めてくれていたのは確かなようです。保育園で毎日乾布摩擦をしていたのです。いつからしなくなってしまったんだろう。寒さに弱くなってしまいました。久しぶりにやってみるかな。レン君も一緒にやれば、風邪知らずの子供になるかもしれませんね。

09:asuka
118

▶ 2013/12/24

イブはいつもケンタッキー 冬

ケンタッキーフライドチキン　かきのクラムチャウダー
ちらし寿司
我が家のクリスマスイブは毎年「ケンタッキー！」でござ
います。職場のアメリカ人は、アメリカではターキーを
食べるので「チキンはあり得ない！」と言っておりました
が。ケーキは悩みに悩んで、小樽「ルタオ」のケーキセッ
ト（モンブラン）にしました。おいしくてふたりでいっき
に2/3も食べてしまいました。

▶ 2013/12/30

チキンカツ
自家製タルタル添え 冬

チキンカツ自家製タルタル添え　じゃがいもとツナのサ
ラダ　みそ汁（食品数：14品、食費約650円）
明日から旦那様の実家に帰省します。福岡に引っ越して
きて1年、本当に充実した1年となりました。レン君も
病気知らずで元気でいてくれたことに感謝。来年もまた、
今年以上にいろんなことに挑戦し、実りのある1年にし
ようと思います。

▶ 2014/01/28

あったか鍋焼きうどん定食 冬

鍋焼きうどん　チキンの西京焼き　昆布とじゃこの煮物
みかん（食品数：10品、食費約350円）
今日から金曜日まで旦那様は出張で家を空けるので、久
しぶりのレン君とのふたりきりの生活です。1日や2日の
出張は何回かあったんですが、4日もいないのは初めて。
毎日ふたりで協力しながら子育てをしているので、いざ
ひとりになると大変ですね。旦那様のありがたさが身に
染みます。金曜までがんばるぞ〜〜。

▶ 2014/02/05

えびの明太子蒸し包み蒸し 冬

豚軟骨と大根の煮物　えびの明太子蒸し包み蒸し　みそ
汁（食品数：31品、食費約700円）
「クックパー　レンジで包み蒸しシート」モニタープレゼ
ントに当選し、今日はそれを使って夕飯を作りましたよ。
材料を入れて、包んでチンするだけ。むっちゃ簡単です。
そのまま食卓に出しても、ちょっとした豪勢なお料理に
見えるのもすばらしい。今日はえびの明太子包み蒸しに
しました。

09:asuka

▶ 2014/02/16
波平さんの声が〜
冬

豚のしょうが焼き　まむしの湯の豆腐　ソーセージと菜の花のバター炒め　サラダ　粕汁（食品数：36品、食費約500円）
今日のサザエさんの放映から波平さんの声が変わりましたね。波平さんの前に、いまだにカツオの声に慣れない私です。カツオの声が変わったのは1998年と16年も前なのに。今回の波平さんは、かなり特徴が似ている人でした。でも……やはり少し違いますね。

▶ 2014/02/24
ハンバーグwith目玉焼き
冬

デミグラスソースハンバーグwith目玉焼き　かぶとセロリのポタージュスープ　トマトとブロッコリーのオイル漬け（食品数：34品、食費約450円）
みんなハンバーグ大好きですよね。でも私は、小さい頃からずっとお肉嫌い。ハンバーグも食べられませんでした。そんな私ですが、神奈川県伊勢原市にある、柏木牧場のハンバーグはおいしい！　と思えました。いつかあんなにおいしいハンバーグが作れるようになりたいです。

▶ 2014/03/01
コウイカのおいしい時期
春

コウイカのお刺身　コウイカの卵の煮付け　一貴山豚の塩焼き　豚汁　豆腐カツのサラダ（食品数：31品、食費約800円）
近所でとっても新鮮な「コウイカ」を買いました。内臓を取り出したら、卵が！　当たりを引いたようです。内臓とゲソを20分ほど甘辛く煮ました。とても柔らかくてご飯が進みます。刺身はとっても甘くて、プリプリ。生きた新鮮なイカが手に入る幸せを堪能しました。

▶ 2014/03/10
豚骨のスープカレー
春

豚骨のスープカレー　サラダ（食品数：10品、食費約700円）
お気に入りの豚肉「一貴山豚」。日本で一番の売り上げを誇る物産館「伊都菜彩」で一番行列ができる商品がこの豚肉です。この豚骨をたっぷりのお湯で煮込んでスープカレーにしました。骨についているお肉がホロホロととろけているわ、いいだしが出ているわで、もう感動。半分残っている豚骨、明日はどう調理しようかな〜。

09:asuka

▶ 2014/03/28　金曜日はオムナポリタン　春

オムナポリタン　サラダ　きのこのコンソメスープ（食品数：12品、食費約400円）
金曜日はパスタの日。今日はいつもおいしいパスタのレシピを教えてくださる「ひろやん」さんのオススメナポリタンを作りました。正確に言うなら「オムナポリタン」です。ナポリタンをオムライスのように卵で巻いて作るのでオムナポリタン。ナポリタンって最後は飽きちゃうんですが、卵のおかげで、最後までおいしくいただけました。見た目はオムライスだから、家族をびっくりさせることもできますよ～。

▶ 2014/04/07　牛ほほ肉のハヤシライス　春

牛ほほ肉のハヤシライス　トマト丸ごとサラダ　サラダ（食品数：27品、食費約650円）
私のお料理姿をよく見ているレン君。興味がありありなようなので、できることからいろいろと手伝ってもらおうと思います。今日はご飯の準備。お米を2合すくってもらって、お水でごしごしといでもらって、21穀米をスプーン2杯入れてもらって、最後にスイッチを押してもらいました。いつも21穀米を入れてかき混ぜない私なんですが、レン君はスプーンできれいにかき回しており、そのおかげでとってもきれいなピンク色のご飯になりました。逆にレン君から勉強させてもらいました！

column みんなのこだわりトーク
よく作る料理
献立に困ったときや、好評なのでつい作ってしまう料理を教えてもらいました。

norie だし巻き卵、ひじきの煮物、きんぴらごぼう、コンニャクのピリ辛煮、キュウリのごま和え。箸休め（副菜）になり、保存もきくから。（のりえさん）

noissyu しょうがご飯。冷え性なのでしょうがをしっかり食べたいのと、いろんなおかずに合わせられる。
サーモンと大葉のクリームパスタ。ゆっくり料理できないときはパスタです。（のいっしゅさん）

sobubu 鍋。野菜もたっぷり食べられ、飽きにくい。
炙りチーズサーモン。おいしいサーモンを買ってきて「厚切り」で作ります。
エビパンはえび嫌いな息子が好きな料理。イカ梅バーグは、イカと豚バラをフープロで細かくしてハンバーグのようにピンポン玉サイズに焼いたもの。イカが安く手に入ったら必ず。（sobubuさん）

pudding 最近は鶏むね肉料理が増えました。低カロリーで低価格（笑）。料理教室でおいしいむね肉料理をいろいろ教わり、家族に好評です。（ぷりんさん）

ogawa hiroko スペアリブ、鶏の甘酢煮、手羽先のグリル焼き（醤油麹に漬け込む）。鍋ひとつでできるので。（おがわひろこさん）

linden 帰宅が遅くなったときは、塩こしょうした肉に片栗粉をまぶして焼き、野菜も炒め、オイスターソース・醤油・酒で調味したものをよく作ります。簡単ですがおいしくて栄養バランスがいい。（リンデンさん）

ayako 常備菜。足の早い野菜は冷蔵庫に入れる前に何かしら調理をすると副菜のひとつとなり、品数豊富に、テーブルも華やかになります。（あやこさん）

asuka なるべくかぶらないようにしているつもりですが、旦那のリクエストが多いハンバーグを一番よく作っていると思います。（あすかさん）

chie 子供達がひき肉以外のお肉が苦手なので、ひき肉料理が多くなってしまいます。ハンバーグ、肉団子、鶏そぼろ、ミートソースなど定番から、チャーハン、オムレツ、野菜炒めもひき肉で作ることも。（ちえさん）

mischa 和食なら餃子と焼きうどん。私が和食が食べたいときに、これだと夫も喜んで食べてくれますので。アメリカな料理だと夫が好きなマカロニ＆チーズ。（Mischaさん）

column

column
みんなのこだわりトーク

買い物について

毎日買い物する人、週イチで買う人、宅配で頼む人。買い物の仕方もいろいろですね。

norie　野菜類は週1で「大地を守る会」の宅配を利用しています。お肉、お魚は、スーパーやデパ地下で。（のりえさん）

noissyu　よく行くスーパーは5軒。欲しいものがなければ車で近所のスーパーをハシゴします。阪急の「キッチンエール」さんに月に2回くらい珍しいものをお願いしてます。禁断症状が出たらコリアンタウンに週末買い物に行きます。（のいっしゅさん）

sobubu　基本的に、お肉類はコストコ、魚介類は商店街にある魚屋、野菜は道の駅と近所の八百屋。その他は近所のスーパーや、半駅程度の距離にある5軒のスーパーと商店街で。（sobubuさん）

pudding　ネットスーパーをよく利用します。野菜は近所の八百屋さんで買い、重いときは届けてもらいます。（ぷりんさん）

ogawa hiroko　週2ペースでまとめ買いしています。毎日何を作るかは、買ったものから考えます。（おがわひろこさん）

linden　週1で近所のスーパーに行きます。（リンデンさん）

kermit　週に1回スーパーに行きます（夏の間はお野菜の一部はファーマーズマーケット的なところでも購入）。コストコへも月に1回ほど行きます。（kermitさん）

ayako　野菜は2週間に1回、岡山の高原野菜を宅配してもらっています。足りない野菜は、週2回近所に来る移動の八百屋で買い足します。毎日食べるもの（卵・ヨーグルト・牛乳・納豆）は、仕事帰りに小さめのスーパーで。その他は週末に大きいスーパーで買います。（あやこさん）

asuka　週に2〜3回買い出しにでかけます。買い物に行くと子供が絶対お菓子を買いたがるのでなるべく毎日行かないようにしています。（あすかさん）

chie　自転車で行ける範囲のスーパー3〜4店、その日の気分と欲しいものでどこに行くか決めて買いに行きます。幼稚園の送り迎えついでに、平日はほぼ毎日買い物をします。（ちえさん）

mischa　週に2回ほど、チラシをチェックしてからお買い得品のあるスーパーで買いますが、オーガニックのお肉と野菜はその専門のお店に行きます。（Mischaさん）

column

10 ちえさん chie

夕食作り開始時間
副菜は朝や昼間にちょこちょこと。主菜は夕食直前。

夕食を食べ始める時間
私と子供は18時、夫は8時〜11時。休日は皆で6時頃

➡「まいにちがんばる献立日記2」 http://chokko0613.blog.so-net.ne.jp/

平日は低カロリー和食。休日は好きなものを！

千葉県在住の34歳。根っからのポジティブ思考です。同じ年の主人、4歳、2歳の男の子と4人暮らし。出産を機に専業主婦になり、地元で幼なじみ、母や夫に助けてもらいながら子育て中です。平日は幼稚園の送迎、買い物、公園と1日2〜3回外出し、下の子の昼寝中にだだ〜っと家事。土日は食品の買い物はせず、みんなで遊ぶことに徹しています＾＾

▶夕食献立のこだわり
平日はカロリー低めの和食、週末は洋食や揚げ物などみんなが好きなメニュー。

▶夕食の献立を決める方法
前日の夜に、家にある野菜をノートに書き出して、メニューを決めます。作りたいものを思いついたらノートに書いておいて、作ったら消してます。

▶ 2013/05/08 ぶりの塩麹漬けアボカドソース献立　春

塩麹を塗って冷凍しておいたぶりの切り身を焼きました。買い物に行けなくて時間のない日にはとっても助かるので、定番品。また作っておこう〜。アボカドが半分残っていて使いたかったので、つぶしてレモン、塩、マヨネーズ少しでソースにしたら、◎！ 写真は主人の分と、いち（4歳）の分。

▶ 2013/05/26

パパの誕生日献立

日曜日は夫34歳の誕生日でした。❶ツナの押し寿司（←以前義母に教えてもらったもの）。炒り卵と、甘辛く煮たツナと、大葉。酢飯でサンドしています。子供のときのおいしい味って、いつまでも永遠のごちそうですよね！　ちょっとは近付けたかなぁ？　❷野菜スティックと、蒸しなす。そら豆、とうもろこし、さやいんげんのかき揚げ。❸お誕生日なので、一応お肉も。体型と健康を重視して、初めてヒレ肉（ロース好きの私）。が、ヒレ肉っておいしい！と感激。❹夫の大好きなスイカ。❺午前中、いちと一緒にケーキを作りました。イチゴと黄桃入りのショートケーキ。夫の今年の抱負は「健康」だそうです。大賛成！　私の役割大なので、ヘルシー料理を心がけてがんばります。

1	2
	4
3	5

春

10:chie

▶ 2013/06/22

ポッサム（ゆで塩豚の野菜巻き）献立

1	2
3	4
5	

夏

ビールがおいしい季節！ 豚肉のブロックがお買い得だったので塩豚を巻き巻きすることにしました。前日に塩をして、朝お鍋でねぎとしょうがと一緒にコトコトゆでて。❶手前が肩ロース、奥はバラ肉。バラ肉はさらにフライパンでカリカリに焼いて脂を落とし、甘辛く味付け。❷サンチュ、プランターで大きくなりすぎた大葉、白髪ねぎ、きゅうり、キムチ。❸前日のれんこんサラダに、ほうれん草のごま和え、トマト。❹長芋を焼いてバターと醤油少々。北海道のアスパラガス、みずみずしくてとっても美味！❺大人はこんな風に巻いて、たれを付けて。たれは、コチュジャン、ごま油、醤油、砂糖、酢、すりごまを適当に混ぜて作りました。
暴れん坊がすごくて、一切ゆっくりできなかった〜！ 1歳3カ月、隙あればテーブルの上をグチャグチャにしてやろうと狙ってきます。アスパラをぶんぶんふり回してるし。あ〜もぉ〜！

10:chie

▶ 2013/07/05　ピーマンの肉詰め献立

夏

ピーマンと大きなしいたけにハンバーグ種を詰めました。ピーマンは、横に切ると直接フライパンに触れないので、歯ごたえシャッキリ香りも残っておいしい。ピーマンと片栗粉をビニール袋に入れてふってからお肉を詰めると簡単です。夫へのとりあえずのおつまみは枝豆、トマト、とうもろこしで決まり！

▶ 2013/07/25　豆腐ハンバーグ献立

夏

うちの豆腐ハンバーグはいつも豆腐200グラムにひき肉300グラムくらいの割合なので、しっかりお肉味。今日はひじき、にんじん、ねぎ、玉ねぎを入れてみました。きのこたっぷりで作った和風ソースで。和え物は、枝豆、オクラ、きゅうり、トマト、アボカド。全部コロコロに切って、ごま油と醤油少々。

10:chie

▶ 2013/08/02 | ビビンバ丼献立　　　　　　　　　　夏

幼稚園のお祭りがあって、帰ったら19時前。急いでお風呂に入って、とりあえず子供達に食べさせ、私は夫と一緒に20時すぎからのご飯でした。ビビンバはひき肉もナムルも朝のうちに作っておいたので、のせるだけ～。あとは長芋、豚肉、豆苗を炒めました。

▶ 2013/09/25 | 今日は太巻き献立　　　　　　　　　秋

今日は太巻きを作りました。冷蔵庫にツナマヨが残ってたので、いちにはサラダ巻きを作って、大人用には豚肉とにんじんを照り焼きにしたものを巻きました。他の具は卵焼き、きゅうり、アボカド、大葉。肉団子は昼のうちに揚げておいて、夜はトースターでカリっと焼きなおして甘酢にからめました。生の玉ねぎを入れたらシャキシャキおいしかった。

10:chie

▶ 2013/10/27 | ラザニア献立　秋

引っ越しを思い立ち、調べ物に忙しい毎日です。お家を見学に行ったけど、まだまだ決まらず。今日は久しぶりにラザニア。ミートソースが冷凍してあったので、ホワイトソースだけ作りました。副菜はスモークサーモンとアボカド。スモークサーモンはだいたいいつも冷凍庫に入ってます。

▶ 2013/10/29 | 豚肉みそ漬け献立　秋

豚肩ロースのとんかつ用のお肉が、みそ漬けにして冷凍してありました。今日は解凍して焼くだけで出来上がり。また安くなってるときに買って仕込んでおこう〜。小さなおかずは、れんこんとピーマンとちくわのきんぴら。奥はえのきと三つ葉のおひたし。

10:chie

▶ 2013/11/16

ほうとう鍋献立

秋

今季初のほうとう鍋でした。かぼちゃをコレでもか！っていうくらい入れて、ドロッドロにして食べるのが好きです。このあとまだ煮込んで煮込んで……どんどんおいしくなるからやめられない〜！

▶ 2013/11/23

焼き鳥献立

秋

焼き鳥を作りました。鶏もも肉とねぎ。たれのほうはフライパンで焼いて、塩のほうは魚焼きグリルで。単純にフライパンに一回でのらなかったので分けました。これにいちととおは大きなおにぎり付きでした。大人はチヂミや常備菜の副菜も。ビールがおいしいメニューでした。

▶ 2013/12/19 | 豚肉の照り焼き献立

冬

豚肉のねぎみそ照り焼き。豚肉に片栗粉をまぶして焼き、長ねぎのみじん切り、みそ、醤油、みりん、酒を混ぜ合わせたたれをからめます。ご飯が進む〜！ そしてお正月に先立って、のっぺを作っちゃった。夫の出身、新潟のお料理です。地味〜だけど、ほんとにおいしい料理！

10:chie

▶ 2014/01/30
ぶり大根献立

ぶりのアラの大きなパックがお買い得だったので、今日はぶり大根。前日から少しずつ煮込んでおいたので、味染み染み〜で上々の出来でした。以前作った小林カツ代さんのレシピがおいしかったので、メモを見ながら作りました。私の料理メモにはカツ代さんのレシピがたくさんです。これからも作り続けます！　そのほかは豚汁、ひじきの煮物、れんこんのゆかりきんぴら、サラダでした。

冬

▶ 2014/02/03
節分ちらし寿司献立

節分の日、いつも迷いもせず恵方巻きを作るんだけどお店でおいしそうなまぐろを見つけてしまって。どうしても食べたくて、ちらしにしちゃいました。酢飯の上に刻み海苔と大葉をしいて、まぐろは漬けにして、卵焼き、きゅうりと一緒に。お弁当箱に入れたら食べやすかった！

冬

▶ 2014/02/05 ｜ 揚げワンタン献立

冬

揚げワンタン。いちが好きなのでたまに作ります。（覚書：皮30枚に豚ひき肉180ｇ、長ねぎ10cm、卵ひとつ、片栗粉少し、塩麹でピッタリ）。ケチャップメインの甘酢ソースを作って添えました。ゆでささみでバンバンジー。水と一緒にサラダ油少々を入れてゆでてそのまま置いておいたらいつもよりしっとり。

10:chie

▶ 2014/03/01　│　トルティーヤ献立　　　　　　　　　　　　　　春

3月に突入！　春はもうすぐそこですね～。うちも4月から年中さん。早いなぁ。土曜日は、トルティーヤにしました。買ってきたトルティーヤの生地に、たこミート、トマト、アボカド、レタス、チーズをのせてクルっとサンド。大好きで、定期的に食べたくなる味！

▶ 2014/03/02　│　スペアリブ献立　　　　　　　　　　　　　　春

日曜日はスペアリブ。醤油、メープルシロップ、にんにくのすりおろしに2日間漬けて、オーブンで焼きました。20代のときはこれくらいペロッと食べられたのに～。赤ワインと一緒に2～3切れでお腹いっぱい。その分子供達が食べてくれるけれど。副菜はシーフードマリネをのせたサラダなど。

10:chie
132

▶ 2014/04/05

キッシュとコブサラダ献立

1	2
3	4

春

❶久しぶりにコブサラダを作ってみました。といっても並べただけだけど。ドレッシングは検索して作ってみたけど、なんかイマイチで、結局いつものイタリアンドレッシングで食べました。❷前日友だちが遊びに来てくれたときにお土産でいただいた手作りキッシュ。最高においしくって！　夫も「キッシュっておいしいんだね」ってビックリしてた。私のと比べたでしょ……。友達は、元フレンチシェフ。今度教えてもらっちゃおう。❸子供達にから揚げ。❹ひき肉入りのトマトソースパスタ。大人は「パッケリ」という幅広のマカロニを使って、子供達はクルクルのフジッリで。もちもちでおいしかった。だいぶ前にカルディで買って、どうしたらいいのかわからなかったけど、クリームソースでもおいしそう！

11 Mischaさん
mischa

夕食作り開始時間	夕食を食べ始める時間
5時(凝ったものは**4**時)	**7**時〜**7**時半の間

食費について
食材の予算は1カ月300ドル(外食は除く)

➡「ミセスNew Yorkの食卓」 http://suzannelane.blog42.fc2.com/

料理雑誌のレシピ集めが趣味のひとつです。

ニューヨーク州の北の方に住む47歳の専業主婦です。アメリカ人の夫と6匹の猫と暮らしながら、私生活では猫のレスキュー団体でボランティアをしています。

▶夕食献立のこだわり
栄養のバランスを第一に考え、できるだけ肉類、野菜、炭水化物のポーションが偏らないように気を付けています。

▶夕食の献立を決める方法
集めている料理雑誌からヒントを得ますが、ここ1年ほど赤肉(牛と豚)を減らし、代わりに鶏と魚介類を中心にメインを決め、副菜はパスタ、ライス、パンができるだけ交互になるようにしています。週に2回は和食を、あとはアメリカンな料理。

▶ 2012/05/16 簡単に作れるハニーマスタード・チキン 春

「ハニーマスタードなんとか」といってアメリカではレストランや料理本、いろんなところで見かける基本的な味付け方法です。作り方は超簡単。好みのチキンの部位に、塩こしょう、にんにくのすりおろしまたはガーリックパウダーで下味をつけ、はちみつと粒マスタード、各大さじ1(約2人分)を合わせたものをまんべんなく付けて冷蔵庫で半日ほどマリネし、あとはじっくり中火で焼くだけです。オイルを少し多めにして、肉汁がじ〜っくり出たら写真のような濃いソースができるので、それを最後にかけて出来上がりです。はちみつは焼いてしまうとそれほど甘くないです。この日はパスタと出したけど、ご飯のほうが合いそうな味です。

▶ 2012/10/26

ポット・ロースト

秋

お友達と義母を呼んでうちで夕食をする機会があったので、ポットローストを作ってみました。さまざまなレシピがありますが、要はビーフの大きなかたまりをじっくり時間をかけて調理したもののこと。お肉とグレービーが余ったので、翌日にカリフラワーマッシュとグリーンピースを添えていただきました。こういう夕食のとき、ああ外国の料理だなあ～と実感します。

▶ 2012/12/31

初めての「おひとりさまの大晦日」

冬

これから「おひとりさま」で年越しを迎えますが、楽しみでなりません。だって今日は、およそ6年ぶりに年越しそばを食べながら紅白を見るんです～！「年越しそば」を食べるのも、「紅白」を見るのも実に2006年以来のこと！これほど日本人としての年末の楽しみが他にあるでしょうか？（笑）　自分で作るそばはおいしくてたまりません（笑）

▶ 2013/01/06 | パーティのときの料理

冬

アメリカでは、特にクリスマス時期に親しい友人や家族を招いてパーティをすることが多いと思いますが、我が家でも2度ほど友人達を招いて夕食をしました。これは1回目、義母と私とで料理をしたときのメニューです。といってもメインはほとんど義母の手作りなんですが。まだまだ嫁の私にはメインコースを担当させてもらえません（笑）。上から時計回りに、エッグロール（友達作）、ビーフブリスケット、レタスサラダ、（下段へ）ツナヌードル・キャセロール、ターキーディバン（義母作）　グリーンビーンズサラダと中央の小さいお皿のソーセージロールが私。

11 : mischa

▶ 2013/05/02 | アメリカでまさかの激レア食材をゲット！ 春

庭で意外なものを発見！ つくしです！ まさかこんな異国で、しかも自分ちの庭で、こんな貴重な食材を発見しようとは。さっそくつくしの卵とじを作りました。おいしいんですよね、これ。アメリカ人が見たらさぞゲテモノ喰いと思うだろうなあ。夫がいないうちに内緒で作っちゃった（笑）。

▶ 2013/07/23 | BBQソースの肉巻きとそばサラダ 夏

手作りのBBQソースを、肉巻きにからめてみたら、ばっちり、合いました。ソースに少し醤油が入ってますからね。そしてにんにくが効いて、照りがよく出たわ〜♪中身はにんじんとセロリのせん切りです。添えているのは、そばサラダ。主人と近くのモールの「パネラ」（アメリカ全土で業績を伸ばしているカフェ・チェーン店）にコーヒーを買いに行ったら、なんとこのそばサラダが新メニューに加わっていたんです。このアジアン風サラダ、ここ2〜3年でよく雑誌なんかでも見かけるようになりましたねえ。アメリカで普通にこういう和食っぽいのが普及してくれるとすごく嬉しいです。醤油・ごま油・和風ノンオイルドレッシング・はちみつの味付けです。

▶ 2013/09/03 　おひとりさまのカレーうどん　秋

アメリカでは家族そろって夕食をとるのが当たり前なので、たまに主人が友達に誘われて外食をすることになると、非常に申しわけなさそうに私に「外食してきていい？」って聞くんですよね。私は内心（やったぁ♪）と思うんですが、露骨には喜べないので、「うん心配しないで行っておいで」とだけ言います。なぜ、たまのひとりご飯が嬉しいかというと、夫がヘンテコだと思うような和食を気兼ねなく作って食べられるから（笑）。いちいち「コレ何？」とか聞かれるともう作る気しないし。普段はめったにコテコテの日本の家庭料理が食べられる機会がないので、ひとりご飯のチャンスがあると嬉しいんですね〜。今日は、カレーうどん。余ったスープは、ご飯を入れて雑炊にしましたよ。うめ〜。幸せ（笑）。

▶ 2013/09/27 　アイリッシュ・ビーフシチュー　秋

アメリカのビーフシチューのレシピといえば、トマトペースト＆赤ワインで作るおなじみのタイプと、このビーフストックであっさりと作るアイリッシュタイプがあります。デリとかダイナーでビーフシチューがメニューにあるときは、このアイリッシュタイプの場合が多いかな。これは色がかなりブラウンですが、ビーフストックをコトコト炊くとこのような色になるんです。牛肉、玉ねぎ、にんじん、じゃがいもにストックがあれば作れます。ビーフシチュー、パンプキンロールと、残ったパンプキンのピューレで作ったビスケット（スコーン）とともにいただきました。

11:mischa

▶ 2013/10/19　イタリアン・ウエディング・スープ

秋

名前だけではどんなものか想像できない料理がありますが、私が移住後最初にわからなかったのが、この「イタリアン・ウエディング・スープ」。デリやダイナーの日替わりスープによく登場します。基本は、ミートボールとグリーン野菜（ほうれん草、ケール、エスカロールやキャベツ）と小さいパスタ入りでスープはチキンストックです。今回私が使った材料は、玉ねぎ、にんじん、ターキーミートボール、ケール、それに貝殻の形のパスタ。野菜をにんにくで炒め、ミートボールと共にチキンストックで煮込みます。ゆでたパスタを加え、塩こしょうで味を調えて出来上がり。アメリカのお客さんを食事に呼ぶことがあったら、懐かしんでもらえるんじゃないでしょうか。

▶ 2013/11/12　ミートソース・パスタ・シチュー

秋

アメリカのパスタソースってだいたいはビンで売っているんですが、そのふたを一度開けてしまうと、冷蔵庫でも10日くらいしか保存できません。うっかり使いかけがあるのを忘れて1カ月とかになると、冷蔵保存でもカビが来るんですよね。先日、中途半端に残ったパスタソースをどうしようかなと考えて、料理雑誌のファイルをパラパラめくりながら思いついたのが、このパスタソースシチュー。Taste Of Homeという雑誌から見つけました。Savory（甘くない、おかずとして食べられる）なマフィンと一緒にいただきました。

ll:mischa

▶ 2013/12/13　| マカロニ（マック）＆チーズ

冬

アメリカの定番料理です。しかしアメリカのレシピの通りに作ってみると、あんまりおいしくないので、ホワイトソースを丁寧に作って日本のグラタン風に。義母宅で夕食会があったので、ブュッフェスタイルでディナーをしました。私の少し日本風なマックチーズ、好評いただきほとんど完売しました。むっふっふ……。

▶ 2014/02/06　| Super Bowl 前夜の夕食会

冬

今年の全米アメフトスーパーボウルの前の日に、うちで主人のお友達を呼んで夕食をしました。ちなみにスーパーボウル当日は夫の同僚宅で観戦するのが恒例となっております。このスーパーボウル、日本の（全盛期の）紅白歌合戦と同じくらいの視聴率があるんですねー。USの人口は約2.5倍だからすごいことですよ。さて私が今回作ったものはというと……BBQソースのミートボール、グリーンサラダ、カレーポテトサラダにトマトソースのパスタ。前菜のスナックはトマトのサルサ、ピメントチーズ・ディップにチップス。

II:mischa
139

▶ 2013/12/26

クリスマスのディナー2013

1	2
3	4
5	

冬

今年はサンクスギビングを一緒に祝ったお宅でのクリスマスディナーとなりました。ビュッフェスタイルにしたので、皆で持ち寄った料理を各々が取ってリビングルームで食べました。❶義母のピラフとグリーンサラダ。❷左一番上からスモークしたターキー、クラッカー、チーズ、真ん中はスカロップド・ポテト（薄切りのじゃがいもを塩こしょうして並べ、生クリームを最後に上から流し入れてオーブンで焼く）。左は義母のブロッコリー（柔らかくゆでたブロッコリーを塩こしょうとバターで和えたもの）、右上は生野菜とサワークリームディップ。❸私が作ったグリーンビーンズ、義母の大えびとシュリンプ用カクテルソース。❹今回の夕食の主役、ハニーローストハム。しかしデカい……。アメリカのクリスマスでハムのレシピはよく見かけます。❺そして膨れ上がったお腹にとどめを刺すデザート。ブラックフォレストケーキと、パンプキンパイ。

▶ 2014/04/21

イースターのポットラック・ディナー2014

1	2
3	4
5	6	7

春

20日の日曜日、アメリカはキリストの復活を祝うイースターでした。義母の友人宅で恒例の持ち寄りディナーをしました。❶手前左回りに、私が作った紫キャベツのスロー、デビルドエッグ、ローストハム、その向こうがスカロップド・ポテト、スモークターキー、サラダ、イチゴ、カレーアップルサラダ。❷手前は私が作ったスイートポテト・ディナーロール。❸手前にグリーンサラダのビネガレット和え。❹手前のは、グリーンビーンズのキャセロール。こういった集まりの時はディナーといってもだいたい4時頃から早い夕食をとります。❺私のお皿。❻イタリアン デザートのお店から調達したクッキー。今年は前日に、ボランティアしている猫レスキューの譲渡会があったり忙しかったので、無理せず買ったもので済ませました〜。❼友人が作ったクリームパフ（シュークリーム）。

▶ My Favorite

私のレシピカード・ボックス

1	2
3	4

秋

レシピ（カード）ボックスがパンパンになってきたので、新調しました。❶古いほう。いっぱいになって取り出しにくくなったんです。❷購入したもの。かわいくもなんともないのですが、たっぷり入るところが気に入りました。ディスカウントショップで、なんと1ドル99セント。元値も4ドル99セントだったのでたいしたことありません（笑）。❸こういうレシピカードと、タブも一緒についてました。紙製だけどしっかりしてて、これで2ドル弱はお買い得。ネットなんかで買うと16ドルとか、70ドルというのも。こうしたレシピボックスを持ってるお宅を何軒か訪問したことがあります。❹アメリカではスーパーマーケットの中にこのように無料で配布してるレシピがあったりします。これをもらってきてレシピボックスに保管したり、またアメリカの新聞や雑誌にも、カードサイズのレシピが載っていたりするので、皆それを切り取って、カードに貼って、ボックスに入れて保管しているわけです。アルバム形式にパラパラめくって見ることができるタイプのレシピホルダーもあって、そっちのほうが使いやすいんですが、なんとなくアメリカの奥さん達をまねしてみたくて（笑）、このボックスタイプを使っています。

11:mischa

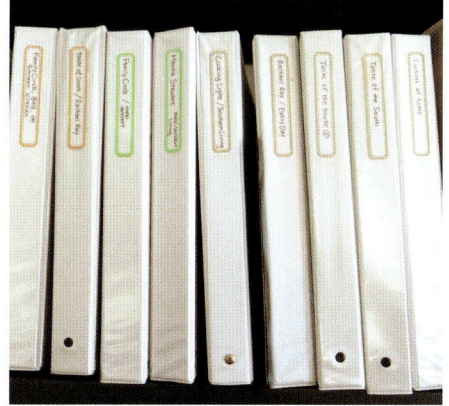

▶ My Favorite

私のレシピコレクション～雑誌編

1	2
3	4

秋

　私が普段集めているレシピ（本やカードなど）を紹介する第2弾は、雑誌のコレクション。❶移住後すぐにアメリカの料理雑誌に興味を持って、毎年数冊を定期購読するようになってはや5年。山のようにどんどん貯まっていく雑誌から、好きなレシピだけを切り取ってコレクションするのが今では趣味のひとつになりました。❷あっという間にたまっていく雑誌……。忙しい日常の合間をぬって、切り取ったページを野菜や肉などジャンル別にわけていく作業は結構時間がかかりますが、これもまた楽しみのひとつですね。アメリカでは雑誌をお店で買うとその紙や質の悪さの割に、値段が高いんですけど、定期購読すると1冊当たりがかなり安くなり、雑誌によっては半額以下になります。❸去年私専用にと、誕生日に買ってもらった本棚もあっという間に埋まってしまい、あちこちに雑誌を重ね置くもんですから、主人からいつもどうにかしろと言われていました。重い腰を上げ去年ぐらいからやっと始めた雑誌の整理……。❹これでも1／3くらいかな、スクラップにして整理し終わったのは。完全なる雑誌ホーダーです（ホーダーとは英語で何かを病的に集める人のこと）。ちなみにこのきれいな色のラベルは、アメリカでマーサ・スチュワートの文具から出てます。この方の商品は文具もオサレ。しかしこれだけのレシピを持っていながら毎日のように献立に行き詰まるのはなぜだろう……（笑）。

11:mischa
143

装丁デザイン	米倉 英弘（細山田デザイン事務所）	
DTP制作	杉江 耕平	
編集	本田 麻湖	

みんなの晩ごはん日記

2014年6月23日　初版第1刷発行

編者	SE編集部
発行人	佐々木 幹夫
発行所	株式会社 翔泳社（http://www.shoeisha.co.jp）
印刷・製本	日経印刷株式会社

©2014 SHOEISHA Co.,Ltd.

●本書は著作権法上の保護を受けています。本書の一部または全部について、株式会社 翔泳社から文書による許諾を得ずに、いかなる方法においても無断で複写、複製することは禁じられています。
●落丁・乱丁はお取り替えいたします。03-5362-3705 までご連絡ください。
ISBN978-4-7981-3566-3　Printed in Japan.